勝敗

選擇

승패의 기로에서 선택을 말하다

승패의 기로에서 선택을 말하다

초판 1쇄 발행 2012년 9월 26일

지은이 | 박기현
펴낸이 | 전용준
펴낸곳 | 보아스

주소 | 서울시 마포구 성산1동 629-14번지 1층
전화 | 02-332-1238
팩스 | 02-335-1238
이메일 | boazbook@naver.com

ISBN | 978-89-966167-8-8 13320

역사를 뒤흔든 사건에서 배우는 선택의 기술

승패의 기로에서
선택을 말하다

박기현 지음

보아스 BOAZ

지금 한 선택이 과연 최선인가?

1번과 2번 중 어떤 번호를 선택해야 하나?

김 부장의 줄에 서야 하나, 이 부장의 줄에 서야 하나?

이번에 뽑을 신입사원으로 이 사람을 뽑아야 하나, 저 사람을 뽑아야 하나?

거래처로 이 업체가 나을까, 저 업체가 나을까?

우리는 날마다 수많은 선택의 갈등 속에 살고 있다. '오늘 어떤 옷을 입고 나갈까?', '점심에 뭘 먹을까?'처럼 일상적인 것에서부터 자신은 물론 조직과 기업의 존립까지 흔들 수 있는 선택까지 그 범위는 실로 폭넓다.

선택의 순간에는 심사숙고해야 한다. 하지만 선택의 기로에 선 순간, 일종의 감(感)이나 선입견, 혹은 다른 이의 생각을 따르는 경우가 의외로 많다. 그 선택이 향후 어떤 파장을 불러올지, 어떤 변화를 초래할지 깊이 고민하지 않은 채 단순히 귀찮아서, 예전에 그렇게 했으니까, 대충 해도 잘 될 거라는 생각에 중요한 선택의 순간을 회피해버리는 것이다.

어이없는 결과를 눈앞에 두고서야 자신의 실수를 깨달을 때가 얼마나 많은가. '아, 제일 중요한 기본을 놓치다니…', '어째서 그 사소한 것을 보지 못했지?'

돌이켜보니 필자도 살면서 그런 일이 꽤 많았다. '만일 그때 경솔하게 생각하지 않았다면…', '조그만 더 고민했다면 더 좋은 결과를 얻을 수 있었는데…'라는 후회가 밀려온다.

중요한 선택일수록 너무 긴장하는 바람에 평소와는 다르게 사소한 부분을 놓칠 수 있다. 이제 와서 한 번의 잘못된 선택으로 지금까지 이룬 결과물이 한순간에 무너질 수 있으니 큰 테두리만 보지 말고 사소하게 연결된 부분까지 보는 자세가 필요함을 알게 되었다. 그렇지 않으면 철옹성 같은 방파제라도 개미 몇 마리가 만든 아주 작은 균열로 붕괴되는 결과를 맞을 수도 있다.

물론 이와 반대의 경우도 있을 것이다. 문제는 언제, 어떤 선택을 하는 것이 옳은지 그 당시에는 정말 알기 어렵다는 점이다. 그래서 그 방법을 역사에서 찾으려고 한다.

역사는 돌고 도는 법이다. 필자는 지나간 역사 속에서 오늘을 살아가는 지혜를 발견할 수 있다고 믿는다. 과거의 실수나 과거의 훌륭한 점을 되짚어보면 앞으로 펼쳐질 인생의 과정에 필요한 교훈을 얻을 수 있기 때문이다. 그 역사를 '선택의 시각'으로 바라보니 단 한 번의 선택으로 역사가 승자 또는 패자로 기억하는 인물들이 눈에 들어왔다.

이 책에서 조선을 뒤흔들었던 정치적, 경제적, 군사적 사건들의 첫 단추에서부터 마지막 결말까지를 살펴보고자 한다. 독자 여러분은 조선의 리더라고 부를 만한 인물들이 기로에 섰을 때 어떤 선택을 내렸으며 어떤 결과를 맞았는지를 볼 수 있을 것이다.

그동안 역사적으로 성공했다는 평가를 받는 인물들 중에서도 어이없는 선택을 한 경우가 얼마나 많았는지, 한편으로는 탁월한 선택 때문에 드라마처럼 극적인 성공을 거둔 인물들은 또 누구인지 알게 된다. 그 인물들의 교훈을 통해 나 자신이 '선택의 기로'에 섰을 때 어떻게 행동해야 하는지에 대한 지혜를 배울 수 있다.

앞으로 선택의 순간에 서게 될 때 이 책의 인물들을 기억해라.

그런 다음 그 인물들을 통해 배운 선택의 기술을 적절하게 활용하기 바란다. 내가 지금 하는 선택에 따라 머지않은 미래의 역사는 나를 '승자', 아니면 '패자'로 기억할 것이다.

차례

01

승패는 싸우기 전에 결정된다

백전백승의 결과를 만든 이순신의 선택

승률 100퍼센트의 신화를 만들고 싶다면 자신의 상황과 상대방의 상황을 객관적으로 분석해서 이길 수 있는 전쟁에만 나가면 된다. 이기는 싸움만 집중해서 준비한 이순신처럼.

이순신 장군은 세계 해전 역사에서 한 번도 지지 않은 백전백승의 명승부사로 남아 있다. 지금도 민족의 성웅(聖雄)이라는 최고의 평가를 받고 있지만 사실 그의 실체, 그가 처했던 상황에 대해 제대로 알고 있는 사람은 그리 많지 않다. 판옥선을 개조해 만든 거북선조차도 실제 모습과 다르게 철갑선으로 알려져 있을 정도다.

　세계 최고의 전투로 알려진 명량해전을 살펴보면 그에게 주어진 상황이 실로 최악이었음을 알 수 있다. 아무리 봐도 도저히 승리할 수 없는 전투에서 그는 어떻게 해전 역사에 길이 빛날 전승을 이뤄냈을까?

　우리도 도저히 답이 나오지 않거나 해결방안이 보이지 않는 상황에 부닥칠 때가 있다. 이럴 때 과연 어떤 선택을 하고 어떤 준비를 해야 하는지 이순신이 바다 위에서 펼친 전략을 바탕으로 알아보자.

이기는 싸움에 집중하라

이순신은 전쟁터에서 왜군으로부터 몇 차례의 죽을 고비를 넘겼고 선조와 조정 사대부들에게 버림받아 고문으로 죽음 직전까지 갔다가 살아난 불사조 같은 인물이다. 도성이 함락되고 임금이 의주까지 피신하는 어려운 상황 속에서도 조선이 건재할 수 있었던 까닭은 이순신이 바다를 장악하고 있었기 때문이었다. 서울을 20일 만에 함락하고도 바다를 제압하지 못해 임진왜란의 승기를 놓쳐버린 도요토미 히데요시는 이순신을 제거 대상 1순위로 꼽았다.

우리는 위대한 역사의 인물로 이순신을 알고 있기에 그를 둘러싼 환경을 간과하곤 한다. 하지만 전쟁 당시 이순신의 상황은 실로 막막했다. 우선 이순신은 해전 경력이 전무했다. 경험이라고 해봐야 지금의 전남 고흥 지역에서 발포만호로 잠시 있었던 게 전부였다. 당시 조선군은 육군을 위주로 편성되어 있어서 적이 바다에서 육지로 올라오면 그때 공격한다는 생각을 갖고 있었다. 그러니 해전을 대비한 방책은 매우 미흡했으며 국가의 지원을 기대하기 어려워 사실상 혈혈단신의 상황이었다고 생각하는 편이 나을 정도였다.

이런 악조건 속에서도 이순신은 절대로 좌절하거나 포기하지 않았다. 철저한 준비가 최선의 성공을 가져온다는 점을 잘 알고 있던 그는 이길 만한 싸움이 아니면 함부로 나가지 않았다. 유비무환의 대책으로 전투를 준비하는데 더 많은 시간을 투자한 것이다. 이런 점에서 그는 승전과 패전을 오락가락하는 여느 장군과는 확연히 달랐다.

장수들 대부분은 싸움에서 이겨야 한다는 당위성을 내세우지만 전쟁터로 나간 다음 전략을 고민하기 일쑤다. 하지만 이순신은 그렇게 하지 않았다. 제갈량이 이길 만한 전쟁에 힘을 쏟아 부은 것처럼 이순신도 그렇게 움직였다. 이로써 옥포, 합포, 적진포, 당포, 사천, 당항포, 울포, 부산, 명량, 노량 등에서 치른 해전에서 백전백승의 결과를 이끌어냈다. 만일 이순신이 나라를 구해야 한다는 신념에 휘둘려 눈에 보이는 모든 전투에 참여했더라면 역사는 이순신이라는 이름을 기억하지 못했을지 모른다.

▌약점을 극복하니 강점이 되었다

1592년 5월 29일 사천해전에서 이순신은 거북선을 처음으로 사용했다. 거북선은 판옥선을 개조하여 만든 당시로서는 최신식 돌격함이었다. 1차 출동한 옥포해전에서 이순신은 판옥선 24척을 동원하여 왜선 26척을 쳐부수는 성과를 올렸다.

당시 일본 수군은 세 가지 형태의 함선을 운용하고 있었다. 140명 정도가 승선하는 대선 아다케에는 조총을 주 무기로 한 60명 정도의 저격수 및 전투병이 타고 있었다. 주력인 중선 세키부네에는 노군을 포함, 70명 정도의 날쌘 저격수와 전투병이 승선했다. 돌격선인 소선 고바야에는 전투 요원 10명과 수군 20명이 승선했다. 이들 함선은 조선의 판옥선보다 민첩하여 조총으로 조선의 수군을 해치운 뒤 함선에 올라 백병전을 벌이곤 했다.

일본군의 함선에 비해 조선의 판옥선은 속도가 떨어지고 백병전에 약한 반면 대포를 사용하는 장점이 있었다. 적의 저격수가 발사하는 조총과 백병전에 대한 대비책으로 이순신은 판옥선에 뚜껑을 덮고 칼과 창을 꽂았으며 정면에 용머리 대포와 충격용 돌기를 붙여 적선을 들이받아 해치우는 속전속결식 전법을 채택했다.

승승장구하던 이순신의 함대에 문제가 생긴 것은 이순신이 모함에 빠져 백의종군하면서부터다. 조선 수군은 후임자인 원균의 지휘하에 전투에 나섰다가 일본군의 기습을 받아 전군이 궤멸하고 만다. 탈영한 배설이 전선 12척을 남겼을 뿐이었다. 이에 당황한 선조는 이순신을 다시 삼도수군통제사로 임명한다. 드디어 세계 해전사에 길이 남을 명량해전이 임박했다. 이순신은 또 다른 배 1척을 보태어 겨우 13척으로 선단을 꾸린 반면 왜군은 130척이나 되는 대선단이었다. 이 같은 절망적인 상황에서도 이순신은 현실을 긍정적으로 보려고 했다. 1597년 9월, 그는 대선단이 다가오는 상황에서 선조에게 장계(狀啓, 왕명을 받고 지방에 나가 있는 신하가 중요한 일을 왕에게 보고하는 문서)를 올린다.

신에게는 아직 열세 척의 전선이 있습니다. 죽을힘을 다하여 막아 싸운다면 능히 대적할 방책이 있사옵니다. 지금 만일 수군을 모두 폐지하신다면 이는 적이 다행으로 여기는 바일 것이며 호남 해안으로부터 한강까지 일격에 진격할 것인즉, 이는 신이 가장 두려워하는 바입니다. 전선이 비록 적다고 하더라도 미신(微臣: 미미한 신)이 죽지 아니한즉, 적이 감히 우리를 가볍게 여기지 못할 것이옵니다.

왜군은 얼마 안 되는 조선 수군을 마저 없애기 위해 기습적인 출몰로 위협을 가하기 시작했다. 이대로라면 준비도 하기 전에 깨질 것이 뻔했다. 이때 이순신의 첫 작전은 후퇴였다. 현지 어민한테서 적의 정세를 탐지한 이순신은 명량을 등 뒤에 두고 싸우는 형국이 불리하다고 판단하여 조선 수군을 우수영(右水營, 전라남도 해남군 문내면)으로 옮긴다.

전쟁하러 나간 장수가 진지를 옮겨 도망쳤다는 이야기를 들은 적군은 자만에 빠졌다. 다음 날 이른 아침부터 일본 수군은 명량으로 진입을 시도한다. 이때 이순신은 다음 작전으로 스스로 선두에 나서는 정공법을 택하면서 일자로 배를 세워 적선이 통과하지 못하게 막아서도록 했다. 그가 선두에 나서서 명량으로 나아갈 때 명량의 조류는 거의 정지된 상태였다. 일본 함선 133척이 한꺼번에 물밀 듯 들어왔다. 좁은 수로에서 혼전이 전개되던 중에 조류가 서서히 남동류로 바뀌기 시작하자 이순신은 안위 등에게 명하여 적진으로 돌진하게 했다. 전세 반전을 위한 작전이었다. 적장을 베어버리면 병사들의 사기가 꺾일 터였다. 이순신은 일본의 수군 장수 구루시마를 요격하고 기선을 잡아냈다.

그사이 조류가 급하게 흐르고 있었다. 좁은 수로에서 조류에 밀리기 시작한 왜군의 배는 한데 엉켜 힘을 쓰지 못했다. 이에 맞춰 이순신은 적선 31척을 격파하며 대승을 거둔다. 그는 승리에 도취하지 않고 다음 전투를 내다보고 있었다. 적선에서 전리품을 거둬 다음 전투에 대비하는 한편 붙잡은 왜군을 심문해서 기습에 대비했다. 전후 처리를 신속하게 하고 다음 공격지역을 예상해 진지를 정비했다. 이 모든 과정이 일사천리로 진행되어 막힘이 없었다.

이순신은 13척이 부족하다고 불평하기보다 최대의 효과를 거둘 방안이 무엇인지 고민하고 철저하게 준비하는 긍정적 마인드의 전략가였다. 이런 탁월한 전술 능력으로 이순신은 한중일 삼국의 동아시아 전쟁사를 새로 쓰는 영웅이 되었다.

수백 년 후, 일본 제독 도고가 승전하고 돌아오자 공식 석상에서 누군가가 그를 넬슨 제독과 비교했다. 그때 도고의 대답이야말로 이순신을 보는 객관적이고 진정한 평가가 될 것이다.

"나를 넬슨과 비교하는 것은 별로 반갑지 않다. 만약 조선의 이순신과 비교한다면 나는 도저히 그를 따를 수 없다고 생각한다."

손을 내밀어 도움을 청하라

이순신이 백전백승을 거둔 이유 중 하나는 작전 지역의 주민을 최대한 보살폈다는 점이다. 수군이 지형지물을 이용하도록 숙지시키는 한편 정탐전과 수색전 그리고 첩보전에는 지역 주민의 도움을 구했다. 부하와 백성을 성심으로 보살피자 그의 명령 한마디면 장수, 병사, 지역민이 마치 한 몸이 된 듯 움직였다.

특히 해변지역의 어민들이 이순신의 눈과 귀가 되어 주었다. 유명한 역사작가 진순신은 제갈량을 분석하면서 중국 전역에 첩보원을 깔아둔 점이 매우 탁월했다고 평가했는데, 이순신도 같은 전략을 구사했다. 직접 움직이지 않아도 현장의 정보를 시시각각 알려주는 첩보원들이 있었는데 이들이 바닷길과 바닷속 암초와 조류의 흐름까지 정확하게 안내해준 덕분에 왜군과 맞서 싸워 백전백승할 수 있었던 것이다.

사람은 신이 아니기 때문에 혼자서 모든 것을 다 할 수 없다. 일을 도모하다 막히면 잘 아는 이에게 자문해야 한다. 자기만의 생각에 갇혀 보지 못한 것들을 다른 사람의 생각을 통해 알 수 있기 때문이다. 혼자 몇 시간째 끙끙거리고 있는가. 주변 사람에게 도움을 청하는 전화 한 통화로 해결할 수 있다.

무엇보다도 나서기 전에 동원할 수 있는 방법을 먼저 준비해야 한다. 특히 실패가 눈에 보이는 상황이라도 이순신처럼 최대한 정보를 수집하고 동원할 수 있는 자원을 최대한 끌어 모아 전략을 세우고 조금이라도 유리한 상황으로 만들 줄 알아야 한다. 현장에서 찾아보겠다고 무턱대고 나갔다가는 성공할 확률이 거의 없는 것이다. 하버드 비즈니스 스쿨에서 발표한 '기업 경영에서 실패를 뒤덮는 네 가지 핵심전략'은 경영자나 팀장 등 리더가 되기를 원하는 이들에게 큰 교훈이 될 것이다.

1. 할 수 있다는 강한 신념으로 무장하라.

2. 내 위치와 수준, 가능한 모든 준비 상황을 수치로 표현해보라.

3. 적 혹은 상대방의 장점과 단점을 모두 기록해보라.

4. 성공 이후와 실패 이후를 내다보라.

02

나이 차가 많은 참모와
덕장의 기막힌 만남

나이에 얽매이지 않은 선택이 만든 승리의 결과

'저 사람이 우리 조직에 들어오면 힘이 될 것 같은데 나보다 많은 나이가 걸린다', '나이는 숫자에 불과하다는 말은 현실에서는 적용하기 힘들어 보인다' 등의 생각이 들 때 이순신과 정걸을 생각하라.

임진왜란의 최고 영웅은 전투 중에 순사(殉死)한 이순신이었다. 그에게는 좌(左) 정운, 우(右) 송희립으로 일컬어지는 충직한 참모가 있었다. 그런데 이들 말고도 임진왜란의 공적을 따지자면 둘째가라면 서러워할 용맹한 장수가 있다. 바로 정걸(丁傑)이다.

　그는 팔순에 가까운 나이로 해상에서는 이순신을, 육지에서는 권율을 도와 왜군을 물리친 최고의 전술·전략가였으나 후세의 평가에선 소외되고 있는 인물이다. 그는 항상 죽음을 무릅쓰고 전장의 앞에서 승전을 거두었지만 결코 명예를 구하지 않았고 이익을 탐하지도 않았다.

　그림자 장군으로 불리는 정걸. 그는 이순신이 아니었더라면 다시 전장에 나오지 못했을 것이다. 왜 이순신은 그만두게 하라는 주위의 요구를 물리치고 노인 장군 정걸을 붙잡은 것일까? 나이 많은 참모, 부하가 부담스러워질 때 정걸의 이야기를 떠올리기 바란다.

전장에서 잔뼈가 굵은 최고의 전사

명종 11년 2월 사간원에서 전라 우수사의 만행을 간하는 보고가 올라왔다.

전라도 우수사 최호(崔豪)는 왜적이 몰래 초도(草島)에 정박하였을 때 적의 선봉을 보고는 지레 겁을 먹고 후퇴하여 피하고 진격하지 않았는데, 남도포만호(南桃浦萬戶) 정걸이 홀로 진격하여 힘껏 싸워서 전선(全船)의 왜적을 전부 잡았습니다.

정걸이 실록에 등장하여 조정의 주목을 받은 첫 순간이다. 정걸은 이때 죽음을 겁내지 않고 적진에 홀로 뛰어들어 대승을 거두었다. 그의 나이 42세였다.

정걸은 1544년 무과에 급제한 뒤 훈련원 봉사, 선전관, 서북면 병마만호를 지낸 뒤 을묘왜변 때 달량성에서 왜군을 무찌른 공으로 남도포만호가 되었으니 오로지 전장에서 잔뼈가 굵은 전형적인 무장이었다. 그는 이순신을 만나기 전에는 부안현감을 거쳐 종성부사로 있으면서 여진 정벌과 국경 수비에 공을 세웠고 경상우도와 전라좌우도 수군절도사, 전라도 병마절도사 등의 요직을 거치면서 전술·전략의 최고 전문가로 자리매김했다. 하지만 거기가 끝이었다. 더 이상 직급이 오르지 않았다. 전쟁터에서 산전수전을 겪은 그였으나 무인을 무시하는 조정에서는 그를 제대로 대우해주지 않았다.

시간은 흘러 사실상 은퇴할 나이가 지나고 있었다. 그런 그가 일흔일곱이 되었을 때 전라좌수영 경장(주장을 도와 적의 침입을 방어하는 장수. 주로 관할 지역 내에서 무예에 뛰어난 수령이 이 임무를 맡음)으로 임명되는 놀라운 일이 일어났다. 이순신이 정걸을 선택한 결과였다.

당시 조선의 조정에서는 임금이 칠순이 된 대신에게 궤장(지팡이와 의자)을 내리는 전통이 있었다. 서 있기도 불편할 나이인 만큼 임금을 돕기 위해 조정에 나왔을 때 왕의 앞이라고 해도 지팡이를 짚거나 의자에 앉아도 좋다는 경로의 표현이었다.

정걸은 궤장을 받을 나이가 훨씬 지났는데도 백전노장으로 전장에 복귀한다. 당연히 이 인사를 놓고 조정과 이순신의 주변에서 말이 많았다.

이순신도 정걸에 대한 염려와 고민이 없지는 않았을 것이다. 그러나 얼마 지나지 않아 정걸이 만들어내는 화려한 승전보를 듣고는 자신의 결정을 더 이상 후회하지 않게 된다.

승勝패敗의 기로에서 선택選擇을 말하다

정걸, 이순신의 참모이자 스승이 되다

임진왜란이 발발하여 충청도와 전라도의 수비가 긴박해지자 이순신은 여러 참모와 부장의 도움이 절실했다. 팔순에 가까운 노장 정걸은 이순신보다 20년 앞서 수군절도사를 여러 차례 역임했으며 육전과 수전에 통달한 최고의 전술가였다. 명분을 중시하던 당시로써는 후배의 지휘를 받으려 하지 않는 것이 당연지사였으나 정걸은 이순신의 부하이자 전술적 스승으로 참전하여 공을 세우고 나라를 지켜냈다.

자신보다 무려 31세나 연장자인 정걸을 불러내 참전토록 한 이순신의 용병술도 대단한 것이었다. 해전 경험이 전무했으나 인재를 알아본 이순신의 만남은 놀라운 결과로 나타났다.

정걸은 조선 수군의 핵심인 판옥선을 건조하고 대포를 실어 실전에 활용할 수 있도록 병사들을 훈련했다. 또한 실전에 투입할 수 있는 병력을 1,000명 이상 키워내어 이순신을 도왔다. 이런 그의 노력 덕분에 이순신은 계속 승리할 수 있었다.

정걸은 이순신 함대의 첫 해전인 옥포해전뿐만 아니라 한산도 대첩, 부산포해전에서도 혁혁한 전공을 세웠다. 이순신은 장계를 올려 '정걸은 80세의 나이에도 나랏일에 힘을 바치려고 아직도 한산도의 진중에 머물렀다'면서 '그에게 은사가 내려진다면 군사들

의 마음이 필시 감동할 것이다'라고 치하했다. 당시 왜군들은 정
걸 장군이 전선의 갑판을 궁(弓) 자형으로 만들고 철로 만든 불화
살과 큰 대포로 공격하자 이후 그의 이름만 들어도 놀라 도망갔
다고 한다. 정걸은 많은 공훈을 쌓았으나 보상을 바라지 않았다.

그는 또다시 충청도수군절도사로 부임하여 1593년 2월 행주 전
투에 뛰어든다. 평양에서 퇴각한 3만여 명의 왜군과 권율 장군이
이끄는 1만여 명의 병력이 밀고 밀리는 대혈전을 치르고 있을 때
권율을 결정적으로 도와주었다. 실록은 그 당시 상황을 이렇게
기록하고 있다.

그날 묘시에서부터 신시에 이르기까지(새벽 5시부터 오후 5시
까지) 싸우느라 화살이 거의 떨어져 가는데 마침 충청수사
정걸이 화살을 운반해온 덕분에 위급함을 구해주었다.

정걸이 배를 몰고 달려가 화살을 공급해주지 않았더라면 권율
은 패할 수밖에 없었을 것이다. 노구(늙은 몸)를 이끌고 최전선에
서 싸웠던 정걸은 1595년에 관직에서 퇴임하고 2년 뒤 세상을 떠
났다. 그가 죽은 다음 해 2월 이순신은 노량해전에서 순국했다.
정걸의 아들 정연과 손자 정홍록은 정유재란 때 목숨을 잃어 전

시에 3대가 순절하는 투혼으로 조정과 백성에게 귀감이 되었다.

이순신의 이름은 지금까지 전해져 만인의 추앙을 받고 있으나 그를 도운 정걸의 이름은 거의 잊혀지고 기리는 이가 없음은 애석한 일이 아닌가. 정걸 장군이 오늘날 재평가되어야 함은 너무도 당연한 일이다.

나이는 숫자에 불과하다

20, 30대는 아이디어가 샘솟는 나이다. 하지만 나이를 먹으면 반짝이는 재치, 아이디어, 임기응변이 점점 사라지고 순발력도 떨어질 뿐 아니라 용기도 많이 없어진다. 그렇다면 50, 60대는 쓸모없다는 이야기인가? 전혀 그렇지 않다. 나이는 그야말로 숫자에 불과하다. 세종은 나이 60이 된 황희를 전격 채용하여 20년간 재상으로 봉직하게 했다. 정걸은 그보다 훨씬 많은 나이에 현역으로 일했으며 자신의 경륜을 후배들을 위해 아낌없이 베풀었다.

일반적으로 자신보다 나이가 어리고 경륜이 부족한 이를 윗사람으로 삼고 싶지는 않을 것이다. 한국 사회처럼 나이를 계급처럼 여기는 분위기에선 더욱 그러할 것이다. 반대의 경우도 마찬가지다. 나이 많은 선배의 경륜을 활용하기 위해 그를 아랫사람으로 맞이하는 일은 열린 마음이 아니고서는 선택하기 어려운 일이다.

그러나 조직과 회사의 '성공'을 위해서는 자신에게 부족한 점을 보충할 수 있는 인적 자원을 활용하는 편이 현명하다. 나이가 많다는 이유만으로 채용하기를 꺼린다면 자신이 경험하지 못한 엄청난 세월 동안 축적된 노하우를 얻을 수 있는 기회를 날려버리는 것과 같다.

나이 많은 부하직원이 부담스러운가? 그와 손잡고 대화를 나누기가 불편한가? 세대차이가 느껴져 대화가 안 될 것이라고 느끼는가? 선입관에 사로잡혀 무조건 피할 게 아니라 그의 어떤 장점이 나의 부족한 점을 채워 도움을 받을 수 있는지 분석하고 그와 어떤 관계를 형성해야 할지 고민하기 바란다.

여러분이 팀장인가? 리더인가? 필요하다면 어른의 지혜를 얻겠다는 열린 생각으로 나이에 구애받지 않는 팀을 꾸미는 편이 좋다. 신진의 패기와 노년의 경륜이 조화되어 멋진 팀을 이룰 수 있을 것이다.

03

이준경, 공정인사의 표준을 세운 청백리
청탁과 뇌물에 눈길조차 주지 않는 자세

평소 아는 사람이 웃으면서 사회의 기준에 맞지 않는 부탁을
하고 있다. '한 번만 눈을 감으면 될 것 같은데…'라고 생각하
고 있는가? 그 한 번이 내 발목을 평생 잡을 수도 있다.

사람을 어떻게 쓰고 어떻게 물리는가에 따라 조직의 생존이 좌우되는 경우가 흔하다. 우리나라처럼 지연, 혈연, 학연의 영향력이 큰 사회라면 더 말할 것도 없다. 요즘은 여기에 교연(敎緣)이라는 말도 하나 더 붙여야 할 판이다. 같은 종교, 같은 공동체 출신을 우대하는 풍토가 생겼기 때문이다.

우리 속담에 '배나무 밑에 가서 갓끈을 고치지 말고 오이밭에 가서 신발 끈을 고치지 말라'던 교훈은 언제부터 실종되고 말았는가? 정치든 경영이든 문화든 간에 인사정책의 양심과 표준을 찾아볼 수가 없다. 종교적 관계, 지역적 인맥, 혈연을 이용한 인사 특혜 시비는 오늘날 한국 사회의 가장 큰 치부가 되고 있다.

자식을 아무런 경쟁 없이 고위직에 앉히는 일부 인사들의 특채 소동은 후안무치의 인사 문화가 빚은 폐해다. 원칙과 상식을 무시한 인선으로 말미암아 우리 정치권과 국민은 앞으로도 사회 곳곳에서 혹독한 대가를 치러야 할 것이다.

혼탁한 사회에서 이준경은 우리가 본받을 인사 공직의 표준이라고 부를 만하다. 그는 사사로운 청탁을 배격하고 인사의 표준을 세워 공적 처신의 모범을 보여주었다. 가까운 이들이 정을 앞세워 이런저런 부탁을 할 때 이준경은 그 청탁에 대해 원칙대로 그러나 유연하게 처리하여 오늘날의 공직자에게 귀중한 교훈을 남겼다.

임금에게 바른말을 아끼지 않다

군자는 함께 어울려도 의심하지 마시고, 소인은 저희 무리와 함께하도록 버려두는 것이 좋습니다. 이 일은 바로 전하께서 공평하게 듣고 보신 바로써 이런 폐단을 제거하는 데 힘쓰셔야 할 때입니다. 신은 충성을 바칠 마음이 간절하나 죽음에 임하여 정신이 착란되어 마음속의 말을 다하지 못합니다.

실록의 기자는 이준경의 의로운 행동을 이처럼 호평했다.

공은 임금을 아끼고 세상을 염려하여 죽는 날에도 이러한

차자를 남겼으니 참으로 옛날의 직신(直臣)과 같다. 당시
에 심의겸의 당이 이 차자를 지적하여 건조무미한 말이라
소를 올려 배척하기까지 하였으니 참으로 군자의 말은 소
인이 싫어하는 것이다.

조선 명종과 선조 때 활약했던 이준경의 사망을 두고 실록이 남
긴 글을 옮긴 것이다. 이준경은 죽음을 앞두고 선조에게 상소를
올려 유언으로 남겼다. 점잖게 쓴 글이지만 실상 그 내용은 '군주
인 당신이 군자와 소인배를 구분 못 하니 참 안타깝소. 그러니 이
제부터라도 정신 차려서 군자를 모함하지 말고 소인배와 어울리
지 마시오'라는 충고였다. 임금을 아끼고 세상을 염려하여 죽는
날에도 이러한 상소를 남겼으니 참으로 직신(直臣)이라 할 수 있
겠다. 당시에 심의겸은 이 상소를 지적하면서 건조무미한 말이라
소를 올려 배척했다. 실록의 기록과 같이 군자의 말은 소인이 싫
어하는 것 같다.

이준경은 명종이 후사를 정하지 않고 세상을 떠나는 바람에 정
치가 요동치던 시절, 하성군(후일 선조)을 임금으로 추대하여 피
비린내 나는 일촉즉발의 정쟁 위기에서 조정을 구해냈다. 그런데
이준경은 자신이 추천한 선조가 재위 내내 소인배들의 장난에 놀

승勝패敗의 기로에서 선택選擇을 말하다

아나는 모양새가 너무도 마음에 거슬렸다. 그래서 죽을 때조차도 선조에게 필요한 직설을 꺼리지 않았다.

이준경은 임금에게나 동료에게나 백성에게조차 청렴함과 솔직함으로 대했다. 그는 지위고하를 배경으로 사람을 가리지 않았다. 이준경은 을사사화 이후 악화일로를 걷던 조선 조정에 외척이 차고 넘치자 그들을 몰아내고 사림을 정치의 중심에 세운 개혁 관료였다. 그렇다고 그가 무조건 사림의 편을 들지 않았다. 벼슬만 좇고 더러운 이익을 추구하는 모습 같은 잘못이 보이면 크게 나무라는 상소를 올려 많은 사림의 불평에 시달리곤 했다.

이준경은 조선의 상황을 국제적인 흐름에서 살피는 폭넓은 시각을 갖춘 인물이었다. 호시탐탐 조선을 노리는 북측의 여진과 남측의 왜구에 대한 경계를 강화하지 않으면 반드시 후환이 생길 것이라고 예언했다. 특히 수군을 줄이고 육군에 집중하려던 당대의 정치가들을 비난하는 한편 해양정책의 실패를 매섭게 지적했다. 당쟁을 염려하고 조정 관료의 부패한 의식과 도덕적 타락을 지적하며 조선 정국의 위기관리를 화두로 삼으려 애썼다. 이준경의 수군 장려책을 받아들였더라면 임진왜란에서 조선의 군대가 그렇게 허망하게 무너지지는 않았을지도 모른다.

게다가 이준경은 선조의 문제점까지도 하나하나 짚어가며 신랄하게 충고했다. 후일 노쇠한 자신을 보고 스스로 물러날 때라고 여겨 사직서를 내면서도 선조의 약점에 대해 상소를 올리며 이렇게 말했다.

"임금님의 학문은 수준 이상이나 능력과 품성을 기르는 일은 기대에 미치지 못합니다."

"아랫사람을 대할 때 위엄과 엄숙한 태도가 있어야 합니다. 지금처럼 하신다면 백관(모든 벼슬아치)이 맥이 풀려 잘못을 다 바로잡지 못할 것입니다."

"참으로 군자라면 아무리 소인들이 공격하더라도 뽑아 쓰고 의심하지 마십시오."

선조가 후일 유성룡과 이순신을 홀대한 것을 생각하면 이준경이 앞일을 얼마나 정확하게 예측하고 진심으로 염려했는지를 알 수가 있다.

스스로 '본(本)'을 실천하라

이준경의 말과 행동, 지식은 당대의 표준이 되었다는 기록이 있다. 이황조차 형제의 상을 당할 때 예법을 묻는 질문에 이준경의 예를 들어보면 알 수 있다고 말했을 정도다. 이처럼 이준경은 곧 시대의 표준으로 통했다.

이긍익은 사림 중에 이준경을 부족하다고 여기는 이들이 있었지만 청덕(淸德)이 있어서 대문에 뇌물이 오가지 않았으니 사람들이 다 그를 어진 정승이라고 칭했다고 『연려실기술』에 기록했다. 이토록 이준경은 절제력이 뛰어나고 관직에서 공평하게 처신했기에 후일 조선의 4대 현상(賢相)을 거론할 때 빠지지 않고 꼽히는 인물이 되었다. 이렇게 볼 때 이준경이 청백리에 이름을 올린 것은 당연한 일이었다. 그런데 청백리는 조선 정조 이전 시기에 집중되어 있다. 조선 말기로 갈수록 정승이란 자들이 더 해먹어서 청백리에 이름을 올릴 만한 사람이 없었다고 하니 나라가 망하게 된 것도 당연한 일일지 모른다.

구한말에 이런 일이 있었다. 1897년 대한제국이 선포되면서 99칸 이내로 묶여 있던 민가 건축 규제가 풀렸다. 경제도 살리고 건축 제한도 풀어 나라를 제국이라는 이름에 걸맞게 바꿔가자는 취지였다. 그러나 흐린 물에는 언제나 망둥이가 설치는 법이던가. 명성황후의 친정 조카 민영찬이 대뜸 안국동에 100칸이 넘는 집을 짓기 시작했다. 고종조차 제대로 된 황궁을 갖지 못한 형편에 신하가 궁궐을 넘어서는 집을 지어 임금의 심기를 불편하게 했다. 그런 인물들에 비하면 이준경은 실로 우직한 충신이었다.

이준경을 시대의 표준이라고 칭송하는 이유는 또 있다. 사사로운 인사 청탁을 멀리하고 자리에 적합한 사람을 객관적으로 고르려고 노력했기 때문이다. 그러한 실천을 몸소 보여주어 이준경한 사람으로 말미암아 조정의 인사가 바로잡혔다는 평가를 받는다. 그는 친구 사귀기를 계산이 아닌 믿음으로 하여 검소한 선비로 살아가기에 힘썼으며 화려한 것은 줘도 받지 않았다. 이처럼 검소하고 밝으니 자연히 그를 따르는 이가 많았다.

관직이 오를수록 이준경에게 수많은 사람이 인사 청탁을 부탁했다. 그럴 때마다 이준경은 정중하게 거절했지만 때론 거절하기 어려운 청탁 때문에 난처한 적이 더러 있었다. 그때는 꾀를 내어 정중하게 거절했다고 한다. 이준경이 감사로 있을 때의 일은 아주 유명하다.

어느 날 재상의 추천서를 받은 무사 하나가 이준경을 찾아온다. 이준경은 시종에게 그 무사를 바로 데려오지 말고 빙빙 돌린 다음 데려오라고 했다. 시종을 따라 한참을 돈 무사가 이준경의 방으로 들어왔다. 이준경은 이 방의 위치를 말해보라고 묻자 무사는 너무 돌아오는 바람에 제대로 답하지 못하고 쩔쩔맸다. 이에 이준경은 무사를 추천했던 재상에게 방향을 제대로 알지 못하는 인물이라 쓸 수 없겠다는 서찰을 써서 보냈다고 한다. 조선 정가에 이준경의 고집과 사소한 청탁에도 원칙을 지키려는 강단이 소문난 것은 당연한 일이었다. 이 일이 있고부터는 그에게 들어오는 청탁이 확 줄어들었다.

이준경은 자기 아들에 대해서도 인사와 관련해서는 원칙을 철저히 지켰다. 그가 영의정으로 있을 때 관료 후보자 명단에서 아들의 이름을 발견하고는 바로 빼버렸다. 이 소문이 나자 그 당시 인사 청탁이 매우 줄어들었다고 한다. 몸소 실천으로 보여준 이준경의 모습이 정계에 큰 영향을 미친 것이다.

당시 조정에는 궤장연이 있었다. 이는 조선 시대에 임금이 70세 이상의 원로대신들에게 지팡이와 의자를 하사하며 베풀던 연회를 말한다. 늙어도 좋으니 앉거나 지팡이를 짚고 서서 국정을 도와주기를 바란다는 임금의 호의를 보여주는 행사로 원로대신들에게는 영예로운 행사였다. 이준경은 이 궤장연이 너무 요란하고 사치스럽다고 생각하여 선조 원년에 국비를 절약한다는 뜻으로 중지시켰다.

이준경은 시대의 표준이라는 평가답게 올바름을 평생 실천한 충직한 참모였다. 그로 인해 인사 청탁이 줄어들고 뇌물을 주고받는 관습이 사라졌으며 제사와 잔치를 검소하게 치르는 전통을 세우게 되었다.

사사로움을 버리고 원칙을 지켜라

우리는 뉴스를 통해 중요한 자리, 특혜가 생길 수 있는 곳에서는 어김없이 부정한 청탁이 오가는 것을 본다. 그런 자리에는 냄새나는 일이 반드시 생기고, 누구라도 그 자리에 있으면 그렇게 행동할 것으로 생각하는 사람이 많다는 점이 더 큰 문제다. 공직에 있으면서 그러한 잘못된 관행을 타파하는 이준경 같은 사람이 이 시대에 없어서 그런 것일까?

미국의 16대 대통령 링컨은 출장을 다녀온 후 남은 경비를 모두 정산해 보고했다고 한다. 이런 이야기를 들었을 때 그가 괜히 위대한 대통령 중 한 사람으로 꼽히는 건 아니라는 생각이 들었다.

사람들에게 인정과 존경을 받고 싶다면 원칙을 지키면서 사사로운 인연에 흔들리지 말아야 한다. 또한 작은 이익에 눈이 멀어 큰 실수를 저지르지 않도록 주의해야 한다.

젊은 시절 저지른 잘못으로 후일 크게 후회하는 사람들을 요즘 너무 많이 본다. 원칙에 따라 기준을 세워 지킨다면 분명히 더 좋은 기회가 올 것이며 이력서에 오점을 남기지 않는 떳떳한 인생을 사는 사람이 될 수 있다.

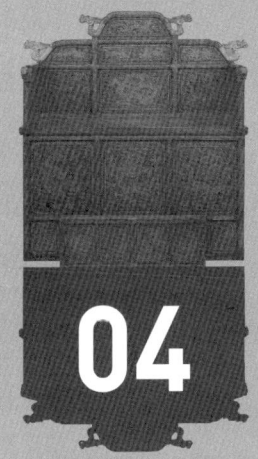

04

필부의 충고를 평생 간직한 황희

경청과 포용이 사람의 마음을 사로잡는다

내가 만나는 사람 모두에게 좋은 인상을 주고 싶은 게 사회생활을 하는 사람의 마음이다. 어떤 방법이 좋을까? 그 방법을 황희에게서 알아본다.

예순이라면 지금도 정년퇴직할 나이다. 그런데 노년에 오히려 정치를 새로 시작한 인물이 있었으니, 그가 바로 세종의 오른팔 황희다.

능력 있는 사람을 구분할 때 과업 중심형 인재인가 아니면 관계 중심형 인재인가를 따지곤 한다. 사람들 대부분은 이 두 가지 유형 중 하나에 해당된다고 본다. 하지만 놀랍게도 황희는 두 가지 유형을 함께 갖고 있던 것으로 생각된다. 역사에서 두 유형의 인재들을 두루 채용하고 적절하게 이끈 보기 드문 리더라고 평가되기 때문이다.

황희는 폭넓게 인재를 등용하고 이끌었는데, 그 중심에는 경청하는 자세와 포용하는 마음이 있었다. 주변 사람들이 불쑥 던지는 충고가 귀에 거슬릴 때가 있다. 그럴 때 황희의 고사를 떠올리기 바란다. 황희는 경청과 포용을 바탕으로 그 어떤 사람도 배려와 관용으로 대한 소통의 리더였다.

소통의 리더십을 발휘하다

고려 말부터 관료로 일한 황희는 젊은 시절 사람을 두려워하지 않고 바른말을 잘하는 인물로 소문나 있었다. 어느 날 개성으로 가던 황희는 누렁소와 검정소 두 마리를 끌고 밭을 가는 한 노인을 보고 호기심이 일었다. 마침 노인이 잠시 쉬려고 하기에 황희는 큰 소리로 물었다.

"두 마리 소 중에 어느 소가 일을 더 잘합니까?"

노인은 황희 곁으로 다가오더니 귀에다 대고 낮게 속삭였다.

"이 소가 낫고, 저 소가 못합니다."

황희는 소가 들을까 봐 걱정하는 노인을 기이하게 여겨 그 이유를 물었다. 그러자 노인이 "참, 그 양반. 짐승이라도 사람 말의 좋고 나쁜 것은 다 알아듣는 것을 모르시오? 만약 제가 못나서 남만 못하다는 말을 듣는다면 마음의 불편함이 어찌 사람과 다르겠소?" 하고 답하는 게 아닌가.

황희는 이 노인의 사소한 충고에 정신이 번쩍 들었다. 그러고는 평생 그 가르침을 가슴에 새겨 함부로 남에 대해 말하지 않고 마음을 열고 사람들을 대했다. 그 결과 사람들은 황희를 소통과 포용의 대가라고 칭송했다.

이러한 품성을 잘 알고 있던 세종은 집현전 관리를 황희에게 맡긴다. 집현전은 정치와 제도 개혁을 추진하려던 세종의 싱크탱크였다.

세종은 집현전 학자들에게 큰 관심과 애정을 보였다. 집현전은 세종 시절 출세의 지름길로 인식되어 자연스레 이곳의 학자들은 긍지와 자존심이 강하고 고집도 세서 관리하기가 수월치 않았다. 학자들을 관리하고 집현전과 세종 사이의 소통을 주관하는 자리에 황희가 앉게 된 것이다.

임금의 신임을 받은 황희는 이곳에서 자신의 존재를 확실하게 선보였다. 황희 특유의 유대감과 동료애는 서로 다른 사람들이 함께 모인 공동체 안에서 목표를 실현해가기 위해 꼭 필요한 요소다. 출신 배경과 철학과 사상이 각기 다른 집현전 학사들을 한데 모아 세종의 싱크탱크로 조직해낸 것은 황희표 지도력과 유대감이 있었기 때문이었다. 다른 의견이라도 존중하고 들어주는 황희의 따뜻한 가슴이 날카롭게 날이 선 집현전 학자들의 고집과 자존심을 부드럽게 품어내어 세종이 원하는 문화정치를 구현하는 바탕이 되었다.

세종은 황희가 이 역할을 훌륭히 해내는 모습을 보고 그를 깊이 신뢰하면서 무려 18년간이나 영의정의 자리에 머물게 하였다. 황희의 리더십이 왕에게 인정받은 것이다.

현장과 능력을 중시한 지휘자

조선은 경직된 관료사회였지만 황희는 그 속에서 능력 위주의 인사정책을 펼쳐 사람들을 놀라게 했다. 이것이 바로 황희가 고려, 조선을 거치면서 4명의 군주를 모시는 와중에도 살아남은 이유라고 할 수 있다. 사람을 제대로 보고 적합한 인재라면 신분을 고려하지 않았던 점이 좋은 결과를 낳은 것이다.

관노 출신이었으나 조선의 과학 수준을 명나라와 대등하게 끌어올린 장영실, 4군 6진 개척의 책임자인 김종서와 최윤덕을 발굴한 일은 황희식 인재 채용의 결과였다고 할 수 있다. 무인 집안 출신의 학자 성삼문, 관노 출신의 과학자 장영실, 문인 출신이지만 무장으로 이름을 더 날린 김종서 등이 세상에 빛을 본 것은 황희 덕분이었다.

그의 정보력은 막강한 인적 네트워크에서 비롯되었다. 황희는 사람을 편하게 해주는 특별한 장점이 있었다. 심지어 계집종이라 할지라도 할 말은 다하게끔 해주었다. 저녁을 이미 물렸는데 뒤늦게 찾아온 정승 때문에 황희가 새로 상을 차려오라고 하자 계집종이 화를 내며 나갔다는 일화가 있을 정도다. 여느 사대부집이라면 도저히 있을 수 없는 일이겠으나 황희의 집안에선 그것이

가능했다.

황희는 평소에 부드럽고 흐트러진 모습을 보이다가도 잘못 걸리면 아무도 함부로 대하지 못할 정도로 어려운 인물이기도 했다. 병조판서가 된 김종서가 정승과 대감들 앞에서 의자에 비스듬하게 앉아 거드름을 피우다가 황희에게 걸렸다. 황희는 곁에서 시중을 들고 있던 시위를 불러 "병조판서의 의자 다리 한쪽이 짧은가 보니 와서 손질해드려라"고 지시했다. 무슨 얘기인지를 깨달은 김종서는 자신의 무례함을 사죄했다고 한다.

사소한 일일수록 더 잘해야 한다는 황희의 철학은 세종의 꼼꼼한 성격과 맞물려 조선의 발전을 이끌었다. 황희는 함길도 지역과 변방의 힘을 키워야 한다고 생각하여 남북으로 길게 뻗어 있는 국경을 재정비하고 성을 재건축하는 한편 규율과 제도도 점검했다. 남으로는 대마도를 정벌하고, 북으로는 여진족을 감시하고 귀화시켜 침략을 방비했다. 폭넓은 시야와 꼼꼼함을 겸비한 황희 덕분에 김종서, 최윤덕을 통해 북방 4군 6진 개척이 이루어져 지금 한반도 국경선이 정비되었다.

황희가 더욱 돋보이는 점은 스스로 세종의 국방정책에 깊이 관여하면서 직접 함경도와 평안도 등 현장의 목소리를 들었다는 사실이다. 리더란 현장을 확인하고 그곳의 생생한 목소리를 들을 수 있어야 하는데 황희는 그런 원칙을 철저히 지켰다.

귀를 크게 열라

황희는 오랜 기간 조정에 있었으니 그의 한마디에 인생이 뒤바뀐 사람이 꽤 많았다. 긍정적 전염의 결과라고 할 수 있을 것이다. 그 바탕에는 농부한테서 배운 경청의 자세가 있었다. 진심으로 경청하는 마음으로 사람들을 대하니 많은 사람이 황희 곁으로 모였다. 그 자신에게도 경청의 자세는 큰 도움이 되었을 것이다. 여러 사람에게서 다양한 이야기를 들으니 그만큼 생각과 선택의 폭이 넓어져 되도록 많은 사람이 동의하는 결과를 도출할 수 있었을 터였다.

이로써 황희는 집현전의 교만하고 발칙한 선비들부터 정적들까지 아우르는 발군의 협상가이자 설득의 대가로 자리매김하게 되었다. 말년에 뇌물 사건과 직분 남용의 혐의로 탄핵까지 받은 그였지만 세종은 그보다 나은 참모를 발견할 수 없었기에 끝까지 그를 붙잡아 동반자로 삼았다.

『20대, 재능을 돈으로 바꿔라』의 저자 혼다 켄은 "좋아하는 일을 하지 않으면 행복하게 성공할 수 없다"는 말을 가슴에 깊이 새기고 좌우명으로 삼았다고 한다. 그는 스무 살 때 미국에서 만난 유태인 대부호에게서 들은 이 말 덕분에 인생이 크게 바뀌었다고 고백한다.

살다 보면 안팎으로부터 수많은 충고를 듣게 된다. 우리는 이런 충고를 대부분 그냥 흘려버리고 만다. 또는 '뭘 안다고 이래라 저래라 그러는 거야?' 하며 무시하는 경우가 많다. 하지만 우리를 둘러싼 충고는 분명히 득이 되는 말이다. 그중 한마디가 내 인생의 선택에 큰 전환점이 될 수도 있다. 그러니 중대한 결정을 앞두고 있다면 귀를 크게 여는 자세가 필요하다.

황희가 젊은 시절 밭 갈던 노인의 말을 우습게 흘려들었다면 바람 잘 날 없는 조선 조정에서 그리 오랫동안 자리를 차지하지 못했을 것이다. 사실 귀에 거슬리는 말, 쓴 충고를 좋아하는 사람이 누가 있겠는가? 나이를 먹을수록 쓴 말보다 달콤한 말이 듣기 좋아진다. 쓴 충고를 받아들이기 위해서는 마음의 수양을 해야 한다.

달콤한 아부를 좋아하는 귀를 가졌는가 아니면 쓴 충고를 좋아하는 귀를 가졌는가? 지금 스스로 되묻기 바란다.

승勝패敗의 기로에서 선택選擇을 말하다

05

조선 최고의 헤드헌터, 이항복
선입견을 버려야 인재를 얻을 수 있다

뭔가 하려면 사람이 없다고 아우성이다. 일을 맡길 마땅한 사람을 못 찾겠다는 말이다. 그렇다면 사람의 능력보다 자격, 신분에 너무 얽매여 찾고 있는 것은 아닌지 자문할 필요가 있다.

여기 황희처럼 뛰어난 인재를 알아보는 안목을 갖춘 사람이 한 명 더 있다. 그는 다른 사람들이 눈여겨보지 않던 아웃사이더들까지 발굴해 조정에 추천하고 성공을 향한 동기부여도 이뤄내는 큰 업적을 남긴 이항복이다.

이항복은 충정 어린 마음으로 선조를 섬겼고 전란의 고통을 겪고 있던 백성을 사랑으로 껴안았다. 그는 낙천적이고 긍정적인 사고방식으로, 계급을 뛰어넘는 교분으로 폭넓은 인적 네트워크를 형성하여 조선의 관료 사회에 신선한 충격을 주었다.

인재를 간파하는 눈

이항복은 어려서부터 병치레가 잦아 다른 자식들보다 부모의 관심과 사랑을 더 받았다. 아픈 아이에게 엄한 부모는 없다. 그 때문에 집안 어른들은 이항복에게 '양반

답게'라는 틀을 그리 심하게 강요하지 않았다. 그렇다고 버릇없이 자랐다기보다 양반 집안의 꽉 막힌 틀을 벗어나 밖의 사람들과 스스럼없이 어울리면서 다양한 인생 경험을 쌓았다.

15년간 이항복은 병마와 싸우면서 심성이 강해졌다. 동네 평민과 무뢰배들, 종들과 어울려 골목대장을 하고 다니며 여느 사대부집 자제와는 다른 길을 걸었다. 만일 그가 여느 양반집 자제들처럼 자랐다면 양반이라는 굴레에 갇혀 세상을 제대로 알지 못했을 것이다. 이항복은 집 밖의 사람들을 만나면서 해학을 즐길 줄 알게 되었는데, 훗날 어떤 어려움이 닥쳐와도 긍정적으로 생각하는 동기가 된다. 또한 다양한 신분의 사람들을 만나다 보니 사람을 보는 눈도 밝아졌다.

이항복은 서열과 신분을 뛰어넘어 인재를 추천하기를 즐겼다. 그가 추천한 후학이나 평민이 이름을 크게 내어 조정에서 여러 자리를 차지했다. 연풍현감에 제수된 이남은 글도 읽을 줄 모르던 이였으나 이항복의 추천으로 장수가 되어 전란 중에 큰 공을 세웠다. 무과에 급제했으나 너무 왜소해 관직에 나가지 못한 유림도 이항복의 추천으로 훈련도감의 초관이 되어 후일 병자호란 때 큰 공을 세운다. 왜란 초기에 탄금대 전투의 패배로 가문이 몰락지경에 이른 신립 장군의 아들 신경진의 실력을 눈여겨보던 이항복은 그를 경원부사로 삼았는데 후일 형조판서까지 올라갔다.

이항복이 추천한 인물 가운데 특별히 눈에 띄는 이는 최명길과 장만이다. 최명길은 이항복 제자 가운데 가장 뛰어나다고 해도 지나친 평가가 아니다. 이항복이 늘 주장했던 대로 실리주의와 자유로운 학문을 배우고 익혀 후일 국가 존망의 위기에서 주화론으로 청나라로부터 나라를 구했다.

장만은 선조 때부터 인조 때까지 국방의 기수로 크게 공을 세웠는데 이항복이 선조에게 적극 천거했던 인물이다. 국어사전에 '볼만장만'이라는 말의 주인공으로 등장하는 장만 장군은 임진왜란과 정묘호란, 이괄의 난에서 큰 공을 세웠다. 이항복은 제자 최명길을 장만에게 추천하여 사위로 삼게 했다. '볼만장만'은 이괄의 난을 진압하는 장만 장군을 보고 많은 백성이 "장만은 볼 만하구나" 하며 환호성을 친 데서 유래한 말인데, 일부 시기하는 자들이 '장만은 보기만 하고 참견하지 않는다'는 식으로 곡해해서 퍼트렸다.

광주 금남로의 영웅 정충신은 이름 없는 집안의 한미한 자식이었는데 권율의 휘하에 있다가 이항복의 눈에 띄어 무과에 응시토록 했고 후일 경상병마절도사로 승진해 큰 공을 세웠다. 훗날 전란 수습과 인조반정의 공신이 된 이귀, 한필원, 김덕성도 이항복의 후원과 추천으로 벼슬길에 올랐다.

　어렸을 때부터 다양한 사람을 만나면서 사람 보는 눈을 기른 이 항복의 지인지감(知人之鑑, 사람을 잘 알아보는 능력)에 감탄할 수 밖에 없다.

죽음도 비켜간 대쪽 '소신'

　　　　　　　　　이항복은 자신이 옳다고 믿으면 주위 의 눈치나 체면을 따지지 않았다. 1591년 정철이 임금으로부터 미 움을 받아 논죄의 대상에 오르자 많은 사람이 발길을 끊었다. 그 러나 이항복은 날마다 그를 찾아가 담소를 나누곤 했다. 나중에 그 일로 파직을 당하기도 했지만 그는 이런 일을 무서워하지 않 는 담력을 보였다.

　이항복은 직언으로 조언하고 정치적 소신을 굽히지 않은 인물 이었다. 광해군의 여러 실정 가운데 인목대비 폐비문제에 이항복 은 민감하게 대응했다.

　국모에게 뚜렷한 범죄 혐의가 없는데도 광해군이 이를 앞장서 서 윤리적인 패덕을 저지른 것을 나무라고 공개적으로 성토했다. 당대의 권신 정인홍, 이이첨 등이 폐모론을 들고 나오자 이항복은 병석에 누워 있었으나 이를 못마땅하게 여겨 분연히 일어나 임금에게 직언하는 용기를 보였다. 그가 키운 인맥들 역시 그와 같은 입장을 취한 것은 당연한 일이었다.

인목대비 폐모를 주장한 실세 권력들은 결국 폐모반대론을 들고 나온 우두머리 이항복, 기자헌 등 두 원로를 유배형에 처했다. 미운털이 박힌 이항복은 환갑이 넘은 중풍환자였는데도 유배지를 몇 번이나 바꾼 후 북청으로 쫓겨났다. 이항복은 반신불수의 몸을 이끌고 유배지를 향해 길을 떠나야 했다.

당시 후배들과 동료는 이항복에게 쓸데없는 일에 나서서 목숨을 재촉하지 말라고 말렸을 것이 분명하다. 상황 논리로 봐서는 그 말이 맞을지 모른다. 하지만 노쇠한 정승은 자신이 옳고 바른 말을 하는 것이라면 물러서지 말아야 한다고 느꼈다. 당장은 어렵지만 언젠가 상황이 회복되리라고 믿었고, 그런 신념으로 묵묵히 발걸음을 옮기는 곧고 당당한 모습에서 많은 사람이 그를 롤 모델로 삼았다.

이항복은 비록 유배지에서 쓸쓸하게 목숨을 잃었지만 생전에 유배지에서조차 후학을 기르는 데 최선을 다했다. 그의 유지는 그를 따르던 이들에게 희망의 빛을 던져주었다. 그와 인연을 맺은 동지와 후학들은 결국 광해군을 쫓아내고 정세를 뒤바꾸어 이

승勝패敗의 기로에서 선택選擇을 말하다

항복의 숭고한 뜻을 이뤄낸다.

세월을 뛰어넘는 인적 네트워크의 효과

어떤 일을 할 때, 어떤 조직을 구성할 때 제일 고민하게 되는 것 중 하나가 바로 '누구와 일할 것인가' 라는 문제다. 사람들 대부분이 그동안 자신의 인적 네트워크가 이렇게 좁았는지 몰랐다며 한숨을 쉰다고 한다.

사회생활을 하면 할수록 인맥이 점점 줄어든다고 느낄 때가 있다. 지금 하는 일이 바쁘다 보니 다른 것에 신경을 쓰지 못하고 업무로 만나는 사람만 계속 만나게 되어 점차 인간관계가 축소되는 것이다.

사람은 만나는 사람의 수만큼 세상을 보는 눈이 넓어진다고 한다. 다양한 분야의 사람들을 만나 인맥을 넓히고, 기존에 알지 못한 새로운 정보로 세상을 보는 시각을 기르기 바란다. 양반 집안에 태어났으나 그 틀에서 벗어나 다양한 사람들과 어울리면서 사람 보는 눈을 기른 이항복처럼 말이다.

이항복은 잘나가고 있을 때 명예로운 입지에 자만하지 않았고, 타락한 정치권에 밀려 나락으로 떨어졌을 때 실패를 비관하지 않았다. 언제나 긍정적인 마음으로 새로운 희망을 이야기하며 묵묵히 후학을 양성했다. 비록 억울하게 죽었지만 동료와 후배들이 그의 이름을 복권하여 역사 속에 길이 남게 한 까닭이 무엇이었는지 되새기며 교훈으로 삼기 바란다.

06

리더의 자세를 가르쳐준 이원익

솔선하는 리더는 세상이 따른다

도덕적인 자세로는 지금의 치열한 경쟁 사회에서 발을 못 붙인다고 말한다. 조금만 묵인해도 손쉽게 부(富)를 얻을 수 있다고 생각한다. 하지만 당장 그 생각을 버려라! 리더를 꿈꾼다면 그 누구보다도 사사로운 이익을 버리고 도덕적인 기준을 지켜야 한다

우리는 '리더'라는 사람들이 소인배보다 더 못한 모습을 보이 곤 하는 일을 자주 겪는다. 리더라면 주어진 일을 해결하기 위해 앞장서 노력해야 하고 구성원들이 뭉칠 수 있는 구심점이 되어야 한다. 그런데 오늘날 많은 리더가 인정받는 자리에 나서려고 할 뿐 책임을 져야 할 문제에 관해서는 남 탓으로 돌리는 모습을 자 주 본다.

선조 때 조선 3대 청백리의 한 사람으로 꼽힐 만큼 이름을 날린 이원익이란 사람이 있다. 키가 너무 작아 외모는 볼품이 없었으 나 임진왜란과 정변의 와중에 군주와 백성을 향한 놀라운 충성심 과 희생정신을 발휘하여 조선 최고의 정승으로 이름을 남긴 인물 이다. 편안함을 누릴 수 있는 지위에 있었으나 위험을 감수하고 현장의 해결사를 자처했다는 점에서, 도덕적 기준을 끝까지 지켰 다는 점에서 무사안일주의에 빠져 자리 지키기에 급급한 오늘의 리더와 직장인들에게 시사하는 바가 크다고 하겠다.

승勝패敗의 기로에서 선택選擇을 말하다

리더는 현장을 지켜야 한다

이원익은 몰락한 가문의 후예로 지독히 가난한 어린 시절을 보내는 바람에 병약하여 생사를 걱정해야 할 정도의 병을 앓아야 했다. 그러나 역경에 굴하지 않고 공부를 계속하여 1564년에 사마시에 합격하고 1569년 별시문과에 병과로 급제했다. 선조 20년 때 안주목사로 나갔을 때는 검약을 솔선수범하여 아낀 양곡 1만여 석으로 굶고 있던 백성을 구호하기도 했다.

그가 백성을 아끼는 마음은 임금 앞이라고 하여 달라지지 않았다. 왜군의 침입에 놀라 평양으로 피신한 선조는 명나라 망명을 생각하고 이를 공론화한다. 이때 이원익은 군주보다 나라와 백성이 우선이라는 생각에 반대하고 나섰다.

"국왕은 사직을 위하여 죽음도 불사해야 합니다. 비록 처지가 곤궁하고 명나라가 작은 나라의 왕실을 위한다고는 하지만 명나라 땅으로 건너가서도 안 됩니다. 건너가도 편치 않을 것입니다."

그러나 선조는 서둘러 평양을 떠났다. 평양성 안에 있는 군사는 급히 끌어들인 백성을 포함해 겨우 3,000명이었고 대동강은 비가 오지 않아 너무 얕았다. 함락되는 것은 시간문제였다. 유성룡이 전투를 독려했으나 장수 중에 나서는 이가 없었다. 그때 이원익은 자신의 목숨을 던지기로 선택한다.

이원익은 고언백 등에게 수백의 병사를 이끌고 능라도에 있던 적을 공격하게 하여 숱한 왜적을 무찔렀다. 하지만 돌아오는 길에 배가 제때 도착하지 않아 군사들이 물에 빠져 죽었다. 이때 이원익은 현장에 직접 나가지 않는 리더는 결국 실패하고 만다는 교훈을 뼈저리게 느끼게 된다.

후일 평양성을 수복하자 이원익은 성으로 돌아와 사병을 모집하여 다시 올 왜군을 대비하게 했는데 몸소 나가 훈련을 감독했다. 평양의 백성과 군사들은 모두 그를 따랐고, 그가 지휘하는 부대는 군율이 제대로 서 있어 모범이 되었다. 의주에서 평양성으로 돌아온 선조는 방비가 철저해진 것을 보고 감탄하며 이원익의 공을 칭찬했다.

선조는 이원익이 매일 전투 현장에 나가 몸을 돌보지 않는 모습을 안타깝게 여겨 그를 사도체찰사로 임명하면서 서울에 머물도록 명했다. 하지만 이원익은 현장을 지키기 원했다.

"싸움에 나가면 소통이 가장 중요합니다. 지휘부가 도성에 있으면 거리상으로도 멀고 지휘부의 의도를 정확하게 전달하기 어렵기 때문에 반드시 현장에 나가 있어야 합니다."

성주 땅에 내려가 있는 것 자체가 당시로써는 위험을 무릅쓴 행동이었으나 이원익은 거기서 각 사도의 군사 기능을 정비하고 전란 수습을 지휘했다. 그는 이순신을 각별히 아껴 천거해 중용하였고 고비마다 믿고 지원해주었다.

훗날 조정에서 이순신을 모함하는 소리가 커지고 있었다. 이순신은 이길 만한 전투는 총력을 다해 싸우지만 그렇지 않은 전투에는 나가지 않고 힘을 기르는 데 치중했다. 이에 조정에서는 "장군이라면 모든 전투에 다 참전해야 하는 것 아니냐!", "조정에서 나가라고 지시하면 무조건 나가야지 어떻게 장수가 그것을 판단하고 가리느냐!"며 비판하는 목소리가 드높았다. 이때 이원익은 끝까지 이순신을 두둔했다.

"그는 사심이나 개인적 이익을 위해 일하는 사람이 아닙니다. 그의 전법은 조정에서 생각하는 것보다 훨씬 합리적입니다."

그를 믿고 따른 이순신은 병든 노모가 자신을 보고 싶어 하자 직속 상사였던 이원익에게 편지를 보냈다.

이 겨울에 어머님을 한번만 뵙게 해주십시오. 이번에 뵙지 못하면 왜군이 또 쳐들어 올 조짐이 있어 진을 떠나기가 어려우니 각하께서는 이 상황을 살펴서 며칠 말미를 주시기 바랍니다. 혹 무슨 변고가 있어도 각하의 허락을 받았다고 하지는 않겠습니다.

이 애틋한 편지를 이원익은 정중히 거절한다. 조정의 질투를 받고 있던 이순신을 사적으로 배려했다가 어떤 날벼락을 받을지 알수 없는 상황이었기 때문이다. 하지만 이원익은 몰래 모자가 상봉할 수 있게 했다. 이처럼 이원익은 정이 많은 사람이었다. 아랫사람의 작은 허물과 아픈 점을 가려 주려 애썼고 감싸 안으며 진한 인간미를 보여주었다.

▌올바르다면 물러나지 않는다

이원익은 평생 자신보다 다른 이들의 이익을 위해 살았다. 이원익의 이름이 크게 알려진 이유는 붕당에 휩싸이지 않으려 애썼고 늘 곧고 바른 정치관을 유지했기 때문이다. 사실 선조는 귀가 얇아 충신이 벌 받고 쫓겨나는 일이 적지 않았다. 파당의 여파가 정국 곳곳에 미쳤다. 이순신과 유성룡의 탄핵도 붕당의 정파 싸움 탓이었다. 그러한 때에 이원익은 상소를 올려 붕당의 폐해를 지적하며 임금의 잘못을 충언으로 비판했다.

선비들끼리는 옳고 그름에 대해 의논을 달리할 수도 있지

　　　　　　　　　　　　　　승勝패敗의 기로에서 선택選擇을 말하다

만 서로 용납 못할 경우가 아니라면 나라와 백성을 위해
함께 협력하여 국사(國事)를 이루어나가야 마땅합니다.

이원익은 정치적으로 생각이 다른 관료들로부터 비난을 받더
라도 굴하지 않았다. 그들과 막상 대립하게 되었을 때조차 경박
한 행동은 피하면서 교양과 예의를 잃지 않았다. 자신을 박해하
고 내몰았던 광해군이 축출되었을 때 모두가 사형을 외쳤지만 이
원익은 이를 반대하고 살려주기를 주청했다. 그는 인간다움을 중
시하고 윤리와 도덕을 자신의 무기로 삼았다. 이런 성품은 백성
에게까지 널리 알려져 그가 지나가면 청렴대감이 지나간다는 칭
송이 그치지 않았다.

은퇴 후에 이원익은 먹을거리가 떨어지면 직접 자리를 짜며 생
계를 해결했다. 국록(國祿)을 받지 않고 스스로 일하며 생계를 해
결한 것이다. 40년을 봉직하고 정승의 자리에 오래 있었던 그의
집이 비가 새고 기둥이 주저앉았다는 것은 그가 청렴했다는 증거
였다.

인조는 훗날 그 소식을 듣고 집 한 채를 지어주었다. 이원익은
네 번이나 사양하며 집을 받지 않다가 임금이 강권하자 어쩔 수
없이 수용했다.

도덕을 지켜도 성공한다

리더로서 갖춰야 할 중요한 자질은 인격적인 품성이다. 일반적인 사회적 기준 이상의 윤리적 소양을 강조하는 이나모리 가즈오의 예가 좋은 교훈이 될 것이다.

이나모리 가즈오는 전자부품 회사인 교세라를 창업해 세계적 대기업으로 키운 입지전적 기업인이다. 일본 10대 부자에 올라 있으며 일본 경영인들이 가장 존경하며 배우고 싶어 하는 경영의 신(神) 가운데 한 사람이기도 하다. 마쓰시타 고노스케, 혼다 소이치로와 함께 오늘날 일본이 세계 속에 우뚝 서는 발판을 마련해준 인물로 평가받는다. 이나모리 가즈오는 리더로서 갖춰야 할 덕목을 제시하여 일본식 윤리 리더십의 주창자로 재계에 이름을 알리기도 했다.

그는 리더뿐 아니라 구성원도 인격적으로 품성을 갖춰야 하며 도덕적으로 완성되기 위해 날마다 정진해야 한다고 가르친다. 이것이 어느 정도 완성의 길로 들어서면 국가나 기업도 장수하게 된다는 것이 그의 지론이었다. 특히 기업의 흥망성쇠가 기업인의 사람됨에 달려 있다고 보았다. 그는 "기업이 윤리적인 문제나 비도덕적인 기업 행위 등으로 인해 사회로부터 외면당하는 것이 가장 큰 위기다"고 말했다.

이나모리 가즈오가 현역으로 한창 활동하던 시대에 일본의 기업들은 부정한 수단으로 수익을 낼 뿐만 아니라 소비자를 속이고 사실을 은폐하더라도 이익만 남기면 된다는 의식이 팽배해 있었다. 그런 상황에서 그는 과감하게 기업 윤리를 외치며 도덕의 리더십을 설파했다.

'도덕적으로 하면 장사가 돼?'라고 생각하는 사람들에게 이나모리 가즈오는 얼마든지 성공할 수 있다는 새로운 선례를 남겼다. 그로 인해 일본의 기업경영이 투명해졌다는 말이 나올 정도였다.

자본금 300만 엔으로 출발한 교세라가 매출 5조 엔의 세계적 기업으로 성장하면서 일본 10대 부자로 올라섰지만 그는 단 한 건의 부정부패사건과도 연루된 적이 없었다.

이나모리 가즈오는 열정경영, 도덕경영, 창의경영의 리더십을 발휘하며 수많은 후진 경영자를 낳았다. 그는 인생성공 방정식의 창안자이자 카르마 경영의 주창자로도 유명하며 회사 조직을 공정별, 제품별로 쪼개 독립채산이 가능하게 만든 '아메바 경영'의 창시자이기도 하다. 사회사업에도 힘써 교토상을 제정했고, 축구 스타 박지성이 뛴 교토퍼플상가 축구단을 만들었다. 교세라 회장직에서 물러났지만 퇴직금으로 받은 6억 엔은 그의 모교인 가고 시마 대학교 등 교육기관에 전액 기부했다. 일본 전역과 해외에 '세이와주쿠'라는 경영 모임을 만들어 후진 양성에도 힘쓰고 있다. 손정의 소프트뱅크 회장이 여기 출신이다.

한 사람의 기업가가 이렇게 큰일을 할 수 있었던 것은 확고한 신념 때문이다. 윤리와 도덕의 실천이야말로 리더가 크게 성공하는 지름길이라는 사실을 그는 몸소 보여주었다. 말로만 외치는 것이 아니라 경영 현장에서 실천으로 보여준 모습은 이원익의 삶과 많이 닮았다.

07

명분보다 실리를 구해 나라를 살린 최명길

1%가 아닌 99%를 위해 선택하라

아직도 '체면이 있는데…'라는 생각으로 사는가? 체면, 명분
이 밥을 먹여주는 세상은 이미 사라진지 오래다. 오로지 자신
에게, 자신이 속한 조직에 이익이 될 수 있는 방안을 선택하
라. 물론 그 이익은 공정하게 경쟁한 대가여야 한다.

조선의 역사를 보면 명분을 좇다가 실리를 놓친 일을 자주 접하게 된다. 사대주의 명분론과 사대부의 체면 때문에 실리를 놓쳐버린 경우가 얼마나 많았던가. 21세기가 되었어도 여전히 많은 사람이 명분과 체면을 따지며 실리를 놓치고 있다.

"과장 체면에….."

"그래도 내가 부장인데….."

"실장인 내가 그걸 직접 하라고?"

주위에서 이런 이야기를 자주 접하지 않는가? 꼭 해야 하는 일인데도 자신의 얼굴 때문에 주저하거나 애써 외면하는 경우가 의외로 많다. 살아가면서 중요한 선택의 순간에 우리는 체면 때문에 엉뚱한 선택을 하지 않는지 반문할 필요가 있다. 갈수록 더 많은 사람을 만나고 더 많은 상황에 맞닿게 된다. 그러면서 우리는 명분과 실리의 전쟁을 매 순간 치러야 한다. 병자호란이라는 절체절명의 위기 속에서 과감한 선택으로 나라를 살린 최명길의 선

택은 우리에게 많은 시사점을 남기고 있다. "당신이라면 어떻게
할 것인가?"

명분이냐, 실리냐

병자호란으로 나라가 풍비박산이 났
을 때 「비가십수(悲歌十首)」라는 시가 널리 퍼지고 있었다. 다음
은 그중 하나다.

> 조정을 바라보니 무신이 많기도 하구나.
>
> 어렵고 치욕스러운 화친은 누구를 위해 한 것인가.
>
> 슬프도다. 충신들은 이미 죽었으니 임금님을 모셔 호위할
>
> 사람이 없구나.

어렵사리 화친을 시도하여 종묘와 백성을 구한 사람은 매국노
가 되었고 전쟁을 주장한 이들은 충신으로 평가받았던 것이다.

조선의 지도층 대부분은 '반청숭명'의 명분론으로 주전론을 주
창했다. 그런데 쏟아지는 비난을 감수하고 악역을 자처하며 사직
을 지켜야 한다고 주장한 지도자가 있었으니 그가 바로 이조판서

최명길이었다. 그는 비난과 모욕적인 포화가 돌아올지 뻔히 알면서도 스스로 옳다고 믿는 일을 미루지 않았다. 뚝심과 배짱으로 실리주의를 선택한 최명길은 모든 사람이 아니라고 할 때 그렇다고 당당히 얘기할 수 있는 용기 있는 영웅이었다.

사실 최명길은 가만히 자리만 보존해도 많은 것을 거머쥘 수 있는 위치에 있었다. 기득권자였다는 말이다. 인조반정으로 광해군을 몰아내고 인조를 보위에 세운 반정공신이었기 때문에 재산과 명예를 남부럽지 않게 누릴 수 있었다. 하지만 그는 모든 관료가 명분만 내세워 전쟁을 주장하자 크게 실망한다.

1636년 12월 남한산성으로 급히 피한 인조는 주화와 척화를 주장하는 신하들 사이에 끼어 이러지도 저러지도 못한 채 세월만 축내고 있었다.

성을 지키는 자는 겨우 1만 명, 한 달 정도를 버틸 식량뿐인 상황에서 주전론을 주장하는 사대부들은 싸우다 죽자며 전쟁을 외치고 있었으니 실로 나라의 존망이 경각에 달려 있는 처지였다. 성 밖에는 20만에 달하는 청나라 군대가 조선의 항복을 요구하면서 응하지 않으면 모두 몰살시키겠다고 위협했다.

최명길은 이때 용기를 내어 주화론을 펼쳤다. 싸우는 것보다 협상을 통해 얻을 것은 얻고 종묘와 백성을 지키자는 주장이었다.

보통은 주변 사람들이 뜻을 같이하지 않을 때 불안함과 고독감을 느끼는 법이지만 최명길은 달랐다. 그는 단호하게 명분론을 폐기하자고 주장했다.

"절개? 그것은 일개 선비에게는 좋은 말이다. 그러나 나라에는 통할 수 없는 말이다. 절개를 지킨다고 결사 항전하다가 무너지면 이 나라는 청나라가 되고 말 것이다. 지켜야 할 것은 명분이 아니라 실리다."

하지만 지도층 대부분이 주전론으로 똘똘 뭉쳐 있는 상황이었다. 그중에는 선비들로부터 사랑과 존경을 받는 김상헌도 있었다. 그는 주화파 최명길이 청나라군에 들고 갈 항복 답서를 읽어보고 이를 빼앗으며 외쳤다.

"우리가 죽기를 각오하고 싸우다 죽으면 그뿐일 것이오. 조선의 남아들이 어찌 오랑캐에게 무릎을 꿇을 수가 있단 말이오?"

김상헌은 임금이 보는 앞에서 항복 문서를 찢어버리고 통곡했다. 임금도 신하들도 묵묵부답이었다. 누가 항복을 좋아해서 한단 말인가. 모두가 어쩔 줄 모르는 가운데 최명길이 의연히 나섰다.

"이미 엎질러진 물이오. 찢는 사람이 있으면 붙이는 사람도 있는 법이오."

그는 엎드려 찢어진 항복 문서를 주워서 붙여 들고 청태종에게

단신으로 나갔다.

최명길은 오성 이항복의 제자다. 이항복의 실리주의 정신을 이어받은 그는 평소에도 사물의 본질과 실리를 찾아 이를 실천하는 지식인이었다. 병자호란의 실리론도 이 같은 정신에서 비롯된 것이었다. 최명길의 시간 벌기와 목숨을 건 주화론 끝에 드디어 항복 조건의 협상이 끝났다.

청나라 병사들이 삼전도에 쌓은 수항단(受降檀)에서 인조가 청 태종에게 세 번 절하고 아홉 번 머리를 조아리는 치욕의 삼배구고두(三拜九叩頭)로 항복의 예를 올리게 됐다. 이어서 두 왕자 등이 볼모로 끌려가는 치욕을 당했다. 역사는 이를 두고 삼전도의 치욕이라 부른다. 하지만 군주와 사대부들은 치욕을 겪었으나 전쟁이 끝난 나라와 백성은 살아남았다.

화친 후에도 사대부들은 주화론자들을 매국노라고 욕하고 청나라 사신을 면전에서 홀대하는 모습을 보이는가 하면 노골적으로 전쟁 운운하며 북벌론을 주장하기에 이르렀다. 그러자 최명길은 인조에게 다음과 같은 상소를 올렸다.

내 힘을 모르고 경박하게 큰소리만 치는 것은 결코 옳은 일이 아닙니다. 만약 다시 청나라의 노여움을 유도하면 이번에는 지난번 전쟁을 훨씬 넘는 비극을 맛보게 될 것입니다. 결국 백성이 도탄에 빠지고 종묘와 사직을 지키지 못하게 됩니다. 이는 더 큰 허물이 되지 않겠습니까?

우리는 국력이 바닥이고 청나라는 강합니다. 화친하는 동안 민심을 수습하고 성을 쌓으며 군량을 저축하고 방어시설을 갖춰 적의 허점을 노려야 합니다.

명분을 버리고 실리를 택해야 한다는 최명길의 주장은 구구절절 옳은 말이었다.

▌화살은 내게 돌려라

어떻게 해야 잘하는 일인지 결정하기 어려운 상황에서 사람들은 주변의 눈치를 살피게 된다. 그러고는 대다수가 하자는 대로 따라간다. 예나 지금이나 부화뇌동도 하나의 처세라고 인정하는 세상에서 최명길은 남을 따라가기보다 묵묵히 자신의 길을 걸었다.

최명길이 자신과 가족의 목숨이 아까워서 교섭을 주장한 것처럼 이야기하는 사람도 있으나 이는 아무것도 모르고 하는 소리다. 자신이 살자고 '실리론'을 내세워 청나라와 화해를 주장할 사람이라면 애초에 전쟁이 일어났을 때 도망치거나 몸을 사렸어야 했다. 하지만 최명길은 자신의 안위를 따지기 전에 단기필마로 청군으로 달려 들어가 청태조와 협상하는 용기와 배짱을 보였다. 덕분에 시간을 번 인조는 소현세자와 신료들을 데리고 간신히 남한산성으로 피신할 수 있었다. 당시 최명길을 대신하겠다고 나서는 신하는 아무도 없었다.

최명길은 정승의 반열에 올랐지만 자신을 위한 재산을 만들지 않고 공직자의 기강을 엄격히 세워 전란 수습에 온 힘을 기울였다. 후일 '조선이 청과 강화를 한 것은 종묘사직을 위하여 보존하기를 도모할 것일 뿐'이라는 외교문서를 명나라 황제에게 보내는데, 이 일로 인해 청나라로 끌려가 모진 옥살이를 하고 돌아오기도 했다. 하지만 그는 한 번도 불평하지 않고 늘 후덕한 웃음과 강직한 처신으로 정무에 임했다.

"화살은 내게 돌려라. 백성을 살리는 것이 내 할 일이다."

최명길이 전쟁을 피하고 화친을 맺자고 주장하지 않았다면, 주화론의 선택이 조선의 백성과 사직을 살리는 길이라고 믿지 않았다면, 그리고 인조를 설득하기를 포기하고 말았다면 조선은 지금쯤 중국의 변방국으로 전락해 역사에서 자취를 찾기 어려웠을 지도 모른다.

최명길의 '외로운 선택' 덕분에 인조와 조선은 풍전등화의 위기에서 살아날 수 있었다. 스스로 악역이 되어 누란지위(累卵之危, 포개놓은 알처럼 무너지기 쉽고 위태로운 상태)에서 나라와 군주를 구한 영웅이 아닐 수 없다.

실리를 선택하라

우리가 몸담은 크고 작은 조직은 한순간의 선택에 많은 영향을 받는다. 그 선택이 명분에 따른 것인지, 실리를 추구한 것인지 스스로 생각해보기 바란다. 우리의 선택으로 인해 벌어질 크고 작은 결과에 대해서 어떻게 책임을 질 것인가를 놓고 늘 고민해야 한다.

많은 이가 체면과 명분에 매여 제일 중요한 이득을 놓치고 만다. 21세기 최첨단의 시대에도 우리는 여전히 명분과 실리 사이에서 갈등하고 고민한다. 작게는 가정과 직장, 크게는 국가 간 교류에도 이런 갈등은 여전히 존재한다.

무엇을 선택할 것인가? 외로운 선택일지라도 그것이 자신이 속한 조직에 도움이 된다면 명분론에 매달리거나 체면 때문에 갈등

할 필요가 없다. 중요한 것은 장기적으로 누가 이득을 보느냐를 살피는 일이다.

　지금 어떤 문제에 봉착해 있는가? 심사숙고하여 선택하라. 선택한 후에 명분에 따라 결정한 것인지 아니면 실리를 생각한 것인지 되짚어 보라. 실리는 명분을 이기고도 남는다.

08

왕이 원하는 신하의 모습을 보여준 신숙주

상사의 부족한 면을 채워줘야 한다

지금 능력이 부족하거나 별로라고 평가되는 상사를 모시고
있는가? 도대체 이러한 상사와 어떻게 관계를 맺어야 하는지
방법을 못 찾겠다면 신숙주의 지혜와 경륜을 참고하라.

세조는 수양대군 시절, 왕권을 잡기 위해 친형제인 안평대군을 내치고 조카인 단종을 폐위한 다음 기어코 그의 목숨마저 빼앗은 폭군이었다.

조선의 근본은 충효(忠孝)에서 시작된다. 하지만 수양대군(세조)은 아버지의 유언을 무시하고 조카 단종을 축출하는 과정에서 충과 효를 모두 버린다. 이렇게 시작부터 폭군의 이미지가 강했던 세조는 집권 후반기로 가면서 부드럽고 인간적인 이미지뿐만 아니라 현명한 군주 이미지까지 받게 된다. 이미지가 크게 개선된 것이다.

역사는 승자 편이라지만 폭군의 느낌이 강했던 세조의 이미지가 그럴 듯하게 포장된 것은 신하들이 세조의 치적을 추켜세우고 기록물마다 찬양한 덕분이다. 그중에서도 신숙주의 공을 빼놓을 수 없다.

신숙주는 자신의 환경을 어떤 방향으로든 돌릴 수 없다고 판단되면 차라리 좋은 면을 바라보고 그 안에서 최선을 다했다. 신숙주는 주어진 환경을 자신에게 좀 더 유리하게 만들기 위해 아무리 부정적인 분위기라도 긍정적으로 바라보려고 노력했으며 엄청난 독서로 얻은 지식을 바탕으로 누구보다 상황을 철저하게 파악해 대처했다.

부족한 면보다 긍정적인 면을 선택하다

신숙주는 위기가 찾아오면 '이 위기는 내가 해결하기 위해 찾아온 것'이라는 인식을 갖고 피하지 않고 부딪쳤다. 위기 상황에서도 늘 긍정적인 면을 찾고 그것을 바탕으로 극복할 방법을 모색했다. 신숙주가 죽었을 때 사관들이 그의 행적을 기록하면서 다음과 같은 글을 남겼다.

임금이 신숙주를 서장관으로 삼아 일본으로 가게 되었다. 신숙주가 그동안 오래 병이 들었다가 막 낫던 시기여서 식솔과 지인들은 어쩌면 죽을지도 모를 먼 길을 가지 못하게 말렸다. 그 소식을 들은 임금이 "네가 병으로 쇠약하다고 하는데, 먼 길을 갈 수 있겠느냐?"고 물으니 신숙주는

"신의 병이 이미 나았는데, 어찌 감히 사양하겠습니까?'라고 답했다. 그가 떠날 때 친척과 친구들 중에는 사별(死別)하는 것이라고 여겨 눈물을 흘리는 자까지 있었다. 하지만 신숙주는 좋은 구경을 하고 오는 것이라며 긍정적으로 여겼다.

귀국할 때 태풍을 만나자 사람들 모두 얼굴빛이 어둡게 변했으나 신숙주는 태연하게 말하기를 "사나이 대장부로 나서 사방을 다녔고 이미 일본을 보았으며 이 태풍으로 중국에 다다르게 되어 그곳의 문물을 보게 될지 모르니 그 또한 유쾌하지 않은가"라고 말했다.

왜적에게 잡혔다가 임신한 채 본국으로 돌아오는 여인이 같은 배에 타고 있었는데 뱃사람들이 이번 태풍은 이 여인 때문이라면서 바다에 던지려고 했다. 그러자 신숙주는 "남을 죽이고 삶을 구(求)하는 것은 차마 할 바가 아니다"라고 잘라 말했다. 얼마 있지 않아 바람이 자게 되어서 일행이 모두 무사했다.

이처럼 무엇이든 좋게 보고 긍정적으로 평가하는 자세가 그에게는 몸에 배어 있었다. 그런 신숙주의 긍정적이고 충성스러움은 세조의 부족한 면을 채워주기에 부족함이 없었다. 세조도 신숙주에게 그것을 바라고 있었을 것이다. 후일 신숙주는 세조의 기대를 뛰어넘는 활약으로 세조의 이미지를 긍정적으로 바뀌게 하는 데 일등공신이 된다.

신숙주는 특히 북방의 국방 문제에 대한 관심을 세조에게 촉구하며 여진 정벌을 강력히 주장했다. 신숙주의 문신으로서 학자적인 모습만 보던 세조는 국방과 관련한 신숙주 대책을 높게 사서 그에게 임무를 맡긴다. 이에 신숙주는 전략을 짠 다음 몰래 도강하여 여진족을 기습 공격해 큰 승리를 거둔다.

당시 어린 조카 단종을 죽이면서 자리에 오른 세조에게는 혈족을 죽인 폭군의 이미지가 강했다. 또한 여전히 그를 임금보다는 수양대군으로만 인정하는 사람이 많았다. 여론의 부정적 이미지를 덮기 위해서는 위기를 극복하는 지도자의 이미지를 살리는 것이 최선의 방책이었다. 신숙주의 승리는 세조가 그토록 원했던 이미지 변신에 좋은 영향을 주게 된다. 세조는 이 승리를 역사의 기록으로 남기라고 신숙주에게 명한다. 이에 그는 『북정록(北征錄)』을 저술했고 '야전부시도'라는 제목의 그림으로 남겼는데 현재 고려대학교에 소장되어 있다.

신숙주는 세조의 명을 받아 나라를 다스리는 기준의 되는 최고의 법전인 『경국대전(經國大典)』 집필을 진행해 성종 때 완성하게 하는 중요한 역할을 한다. 또한 하삼도(下三道, 경상도와 전라도, 충청도를 일컫는 말)의 백성을 평안도, 강원도, 황해도로 이주시켜서 국토의 균형 발전에 신경을 썼으며 경제정책과 관련해서는 현직 관리에게 토지를 지급(支給)하기 위해 직전법을 실시하여 국가 수입을 늘리고 무질서한 토지소유의 폐단을 시정토록 했다. 이는 모두 세조의 치적으로 남게 되고 세조는 이미지 변신에 성공하는 바탕이 된다.

책에 미치다

이렇게 세조의 이미지 변신이 성공하도록 한 신숙주의 능력 밑바탕에는 엄청난 독서가 있었다. 책에 대한 열정은 미쳤다는 평가를 받을 정도였다.

어릴 적부터 경서(經書, 성현들이 유교의 사상과 교리를 써 놓은 책)에 탐독하여 일곱 살에 이미 경사(經史, 경서와 사기를 아울러 이르는 말)를 다양하게 읽는다. 집현전에 들어가서는 동료의 숙직을 대신 맡아 가며 책을 읽을 정도였다. 이러한 책에 대한 관심, 다독을 통한 간접경험이 어떤 상황에서도 침착하게 대처하는 자세를 갖게 만들었으며 왕을 보필하면서 펼친 정책이 대부분 좋은 성과를 얻은 원인이라고 평가된다.

세종도 그러한 신숙주의 능력을 높게 사서 집현전 학사의 최고 영예인 직제학으로 제수했다. 또한 문종, 수양대군 등에게 입에 침이 마르도록 칭찬을 하니 이후 수양대군은 다른 사람들보다 우선적으로 신숙주와 파트너 관계를 맺는다.

상사와 부하의 올바른 관계

사실 조직에서 상사와 부하는 가까워지기 힘든 사이다. 그렇다고 서로 흉을 보는 것은 옳지 않다. 하나의 조직에 같이 있게 된다면 정한 목표를 빠른 시일에 이루기 위해 합심해야 하기 때문이다. 경쟁자와 엎치락뒤치락 하기에도 정신이 없는데 내부에서 서로 다투느라 힘을 낭비하는 것은 결코 조직 입장에서도, 개인의 발전 입장에서도 좋지 않다.

평생직장이라는 개념이 사라진 지 오래인 지금에는 몇 개의 직장을 거치는 것은 기본이다. 그런 과정 속에서 이런저런 상사를 만나기 마련이다. 그 상사들이 다 완벽하면 좋지만 현실적으로 그런 경우는 거의 없다. 누구라도 상사에게는 불만이 있기 마련이며 대부분이 자신의 상사를 능력이 없으면서 운이 좋아 윗자리에 오른 사람이라고 평가한다.

능력도 없는데 나이가 많아서, 운이 좋아서 그 자리에 앉았다고 생각하는 순간, 상사와 부하의 관계는 어긋나기 시작한다. 그런 선입견을 버려라! 어차피 같은 배를 탔으니 함께 나아가는 것이 중요하다는 긍정의 자세를 가져야 한다.

상사의 부족한 면이 많이 보여도 적절하게 보완해준다면 자신이 속한 조직에, 자신에게 분명 도움이 되고 좋은 결과물을 만들 기회를 잡을 수 있다.

신숙주는 세조의 이미지를 긍정적으로 바꾸면서 아울러 뛰어난 군주임을 널리 알리는 역할을 제대로 수행해냈다. 세조도 그러한 신숙주의 노력이 좋은 결실을 맺도록 힘을 실어주었다. 이처럼 상사와 부하의 관계가 톱니바퀴처럼 잘 굴러가니 나라에도 도움이 되는 좋은 결과를 만들게 된 것이다.

09

시기를 기다린 정조의 선택

기회를 얻을 때까지 참으면서 힘을 길러라

사면초가의 위기에 빠졌어도 좌절하지 말라. 자신의 힘으로 어디까지 극복해낼 수 있는지를 곰곰히 살피고 할 수 있는 것부터 스스로 행하라. '힘'을 기르는 것만이 자신을 지킬 수 있는 최선의 방책이다.

위기가 닥치면 정면돌파로 승부를 걸려는 사람을 요즘 많이 본다. 피해봤자 나중에 더 큰 위기가 올 수 있으니 차라리 지금 부딪쳐서 해결하자는 의도로 보인다. 하지만 여기서 명심할 것이 있다. 정면돌파를 시도하기 전에 자신이 지금 준비가 완벽히 되어 있는지 파악해보고 그렇지 않다고 판단되면 2보 전진을 위한 1보 후퇴라는 생각으로 일단 피하는 방법이다. 그런 다음 충분한 시간에 걸쳐 내적 또는 외적인 힘을 기른 후에 정면돌파를 시도하는 것이 더욱 효과적일 수 있다.

이처럼 힘을 기르고 있다가 적절한 타이밍이 오면 뒤도 돌아보지 않고 정면돌파하여 승리와 성공을 거머쥐는 사람들이 역사에도 있다. 정조가 바로 그런 인물 중 하나다. 조선 역사상 정조만큼 심각한 위협을 느끼며 왕위에 오른 이는 없을 것이다. 자객이 궁 안 깊숙이 침입하여 목숨을 노리는가 하면 세손의 자리에서 쫓겨날 위협마저 겪은 그였기에 한시도 마음을 놓을 수 없었다.

정조의 아버지 사도세자를 죽음으로 몰고 간 세도가들로서는 세손이 군주가 되는 것은 상상도 하기 어려운 일이었다. 이런 와중에 정조는 상황을 예의주시하면서 정면돌파의 때를 기다리는 방법을 선택했다. 자신이 예상했던 때가 되자마자 뒤도 돌아보지 않고 과감한 정면돌파를 시도한다. 강력한 리더십으로 왕권을 구축하고 국방과 제도를 정비했으며 정적들을 힘으로 눌러냈다. 위기를 극복한 정조의 힘은 적절한 시기를 기다리는 동안 갈고닦은 실력이 만들어낸 결과였다.

절박감이 더욱 강하게 만든다

1795년 정조가 공자의 위패를 모신 수원 향교에 가서 참배하는 모습을 그린 '화성성묘전배도'라는 그림이 있다. 향교에 참배하는 임금을 지키기 위해 장용영의 수많은 병사가 향교 담 밖에서 일렬종대로 향교를 수비하는 모습이 담겨 있다. 이렇듯 이 그림에는 국왕 행차의 엄위하고도 위풍당당한 모습이 표현되어 있지만 사실 정조는 이런 모습을 만들기까지 피땀을 흘려야 했다.

권력의 정쟁만큼 더러운 싸움도 없을 것이다. 혈육까지 죽여 경쟁자를 없애는 게 권력 다툼 아니던가. 정조는 그 피해의 정점에 있는 인물이었다. 사도세자가 죽어 세손이 되었으나 한 번도 마음 놓고 쉬지를 못했다. 그는 나중에 임금이 되어 규장각을 세우고 이런 속마음을 털어놓는다.『정조실록』13권 6년 5월 29일의 기록은 정조의 참담한 심정을 보여준다. 요즘 말로 정리하자면 대략 이런 뜻이다.

　　뜻을 잃고 불만을 품은 무리가 나에 대한 증오심을 누적하여 은밀하게 나를 없애려 하였다. 그래서 가장 가까이 믿고 지내던 몇몇 환시(宦侍)와 안팎에서 서로 연결되고 앞뒤에서 서로 호응하여 비수(匕首)를 지닌 역적을 어두운 밤에 방으로 들여보내기도 했다. 혹은 몰래 흉측한 물건을 땅에 묻기도 하였다. (중략) 등극(登極)한 처음에 제일 먼저 소탕하였으나 매양 척·환(戚·宦)이라는 두 글자를 생각할 적마다 치가 떨리고 가슴이 썰늘함을 깨닫게 된다. 옷을 벗지도 못한 채 잠자리에 들었던 것이 몇 달이나 되었는지 알 수가 없다.

　자신을 스스로 지키지 않으면 살아남을 수 없다는 절박감은 정조를 강하게 만들었다. 그는 크게 세 가지 방법으로 자신을 보호했다.

힘을 키운 정조의 전략

첫째, 정조는 활쏘기를 통해 체력과 방어술을 익혔다. 활쏘기가 호신술이 되겠느냐고 묻는 이가 있지만 그건 뭘 몰라서 하는 소리다. 활쏘기는 심신 수양에 가장 효과적인 방법이다. 하체 훈련으로 다리가 튼튼하지 않으면 활을 쏠 수 없다. 정조는 활쏘기를 위해 어릴 적부터 하체 훈련을 확실히 했다. 그리고 정신을 집중하여 활쏘기에 매진했다.

공부할 시간이 부족했던 그가 활쏘기로 시간을 빼앗기자 이를 보충하기 위해 밤잠을 자지 않고 책을 읽었다는 이야기는 유명하다. 그 결과 천장에 있던 자객을 발견해내어 목숨을 건지기도 했으니 그는 책을 읽으며 자신을 지켜낸 대단한 영웅이라고 할 수 있다.

정조는 이성계 이래 가장 뛰어난 국궁 사수가 되었다. 임금이 활을 얼마나 잘 쐈을까 싶겠지만 정조는 명사수였다. 원래 국궁은 인내심과 집중력, 민첩성과 결단성을 키우는 데 더할 나위 없는 무술이자 스포츠다. 끊임없는 연습으로 최고의 궁수가 된 정조는 등극 후 문무백관을 불러 자주 활쏘기 시합을 벌였다.

정조는 50발을 쏘면 49발을 명중시키고 화살 하나는 일부러 하늘로 날려 보내는 여유와 배려를 보였다. 무관들조차 정조의 실력을 넘을 수 없었으니 그야말로 힘으로 문무백관을 압도한 것이다. 그의 학식은 더 대단했다. 문무를 겸비한 실력으로 정조는 경쟁자들과 정면 대결을 벌여 이겨냈다.

이런 실력을 바탕으로 정조는 등극하자마자 할아버지 영조가 살아생전에 함구령을 내렸던 사도세자 이야기를 끄집어내며 정적들에게 외친다.

"과인은 사도세자의 아들이다!"

얼마나 대담하며 얼마나 속 시원한 일성인가. 그는 한마디 말로 사도세자를 죽음으로 몰고 정조 자신의 암살을 도모했던 무리의 간담을 서늘하게 했다.

둘째, 정조는 지속적인 개혁 작업으로 적을 가려냈다. 찬물을 따뜻한 물로 만드는 두 가지 방법이 있다. 하나는 찬물을 퍼서 내버리는 방법이다. 다른 하나는 따뜻한 물을 계속해서 넣어 찬물을 몰아내는 방법이다. 조직의 운영에도 이 방법을 적용할 수 있다. 부정적인 생각을 하는 이들, 반대만 하는 이들, 사사건건 시비를 걸고 자신을 무시하는 이들을 처리하려면 따뜻한 물 만들기 방법을 이용하면 된다.

정조는 우선 눈에 보이는 적을 밀어내고 좋은 인재를 조정에 채워 넣었다. 이런 방법은 자기계발에도 유용하다. 끊임없이 부정적인 생각이 들면 그것을 몰아내는 방법을 찾아내야 자기계발이 원활하게 된다. 가장 좋은 방법은 긍정적인 생각을 계속 집어넣는 것이다. 정조는 긍정적인 사고를 키우기 위해 책을 많이 읽어 자신을 스스로 훈계했다. 세종이 집현전을 세운 것처럼 정조는 규장각을 통해 나라를 이끌고 갈 싱크탱크들을 키워내고 그들의 조언을 들으며 자신의 부정적인 생각을 몰아냈다.

이와 더불어 정조는 조정에 자신의 동지를 대거 심기 시작했다. 북학파 이덕무, 유득공, 박제가 등을 등용하여 그들의 실학사상을 수용하고 영조 때부터 자신에게 충성해온 채제공을 정점으로 삼아 정약용, 이익, 유성원 등을 활용하는 개혁 작업에 착수했다.

셋째, 정조는 자신을 지지할 조직을 키워냈다. 정조는 영조 말년 1775년 국왕을 대신해 대리청정을 맡았다. 이듬해 영조가 죽으면서 25세로 왕위에 올랐는데 이 과정에서 그는 숱한 위협을 겪었다. 대리청정을 앞두고 홍인한에게 "동궁께서는 노론과 소론을 알 필요가 없으며, 이조판서와 병조판서를 알 필요가 없습니다.

조정의 일에 이르러서는 더욱 알 필요가 없습니다"라며 무시하는 발언을 들어야 했다.

하지만 대리청정 시절 적을 파악한 정조는 등극하자마자 정적을 향해 자신의 실력을 드러내기 시작했다. 영조 시절부터 계속된 암살 모의를 이겨내기 위해 정조는 강력한 친위부대를 기른다. 원래 궁성을 지키는 군사는 군주의 신변 보호는 물론 도성 수비군의 역할을 하기 마련이다. 정조는 친위부대인 장용영을 수년에 걸쳐 확대 개편한 결과 기병과 보병의 규모를 5,152명에 이를 정도로 키웠다. 이는 왕권 견제 세력의 약화를 의미했다. 구세력들의 견제가 약화되자 왕권은 크게 강화되었다.

정조는 개혁의 고삐를 늦추지 않았다. 실학파들과 손잡고 한 손에는 병기를, 한 손에는 농기구를 들고 싸우자는 조선 민방위제도의 창설을 주도하여 국력을 키우는 동시에 수원 화성에 이상적인 자족자립의 정치경제 형태를 갖춘 신도시를 세우기로 한다. 그렇게 해서 재위 18년이 되던 1794년부터 2년 10개월에 걸쳐 채제공과 정약용, 민과 군의 힘을 동원해 화성을 완성했다.

정조는 화성으로 경제적 자립이 가능한 전국의 방어체제 모델을 만들어 혹시 불어 닥칠지 모를 위기 국면을 정면으로 돌파하려 했다. 또한 아버지의 묘를 찾아 66회나 원행을 나갔는데, 이는 백성과 소통하기 위한 전략이기도 했다. 정조는 이를 적극 활용하여 재임 중 3,355건의 상언과 격쟁을 들으며 백성과의 소통을 시도한 왕이 되었다.

위기 국면을 정면돌파하라

정조는 많은 원행을 하였으나 1795년 2월 역사에 길이 남을 을묘원행을 강행한다. 겉으로는 어머니 혜경궁 홍씨의 회갑을 기념하는 것이었으나 과거를 수원에서 치러 지방 인재를 발굴하는 한편 장용영의 훈련된 병사들과 대규모 병력 이동으로 군주의 강한 힘을 대내외에 과시하려는 목적이 있었다. 이는 정적들에게 덤빌 테면 덤벼보라는 정치적 시위였으며 백성에게는 조선 르네상스의 부활을 알려 온 백성이 군주의 지도력에 따르도록 위엄을 보이는 것이기도 했다.

이 행차는 무려 1킬로미터에 달했는데, 채제공을 비롯한 대소 신료와 호위병까지 무려 1,779명, 말은 779필이 동원됐고 현지에 미리 간 관료와 무사들을 합하면 6,000명이 참여한 대규모 원행이었다. 요즘 식으로 말하자면 국군의 날에 하는 행진 같은 무력시위와 대규모 축제 형식의 이벤트가 합쳐진 꼴이었다. 여기에 과거시험과 야간 군사훈련, 혜경궁 홍씨의 회갑 잔치가 벌어졌으며 가난하고 소외된 백성에겐 쌀과 죽을 나누어 주었다.

정조는 이 행차에서 활쏘기 대회를 열어 문무백관을 격려하는 한편, 땅에 미리 묻어둔 화약(매화포)을 터뜨려 삶에 지친 백성에게 멋진 불꽃놀이를 보여주기도 했다. 마지막 귀경길에 정조는 백성을 직접 만나 그들의 억울한 문제를 듣고 이를 해결해주었다. 현재 청계천 둑방 벽에 그려진 것이 이 행차를 기록한 '반차도'다.

정조는 범국민적 축제를 통해 민심을 모으고 자신의 정치적 힘을 과시하면서 국정의 안정을 이루어냈다. 이로써 정조는 자신이 통치한 시기를 조선의 르네상스라고 역사가 호평하게 만들었다.

자기 수련과 계발의 중요성

다음은 베트남의 혁명가이자 국민의 사랑과 존경을 한몸에 받고 있는 지도자 호치민이 쓴 시다.

엄동설한의 초라함이 없다면,
따스한 봄날의 찬란함도 결코 없으리.

불운은 나를 단련시키고,

내 마음을 더욱 굳세게 한다.

호치민은 시대적 격변기에 조국 베트남의 독립을 위해 목숨을 바친 진정한 영웅이었다. 그는 어린 시절부터 역사를 읽고 사회를 공부했으며 해외를 떠돌아다니면서도 남을 이롭게 하고 자신을 수양하는 열정을 잃지 않았다.

외부 환경이 얼마나 어렵든지 간에 그는 희망을 이야기했고 자신의 동포에게 할 수 있다는 신념을 심어주었다. 스스로는 재물을 멀리하여 사적인 이득을 취하지 않았고 큰 나라나 큰 기업에 기대어 이득을 보려 하지 않았으며, 오로지 스스로의 힘으로 조국 독립과 근대화를 이루어내야 한다고 강조했다.

호치민이 성공한 이유 90퍼센트는 용기라고 말하는 사람도 있지만 필자는 정조와 마찬가지로 끊임없는 자기 수련과 계발을 바탕으로 힘을 길러 정면 승부를 선택했기 때문이라고 믿는다. 앞에 소개한 시에서 호치민의 기상을 읽어낼 수 있다. 사면초가의 상황일지언정 하늘이 무너져도 솟아날 구멍이 있다는 희망을 잃지 않고 자기 수련을 게을리 하지 않으면 오뚝이처럼 다시 일어날 수 있는 법이다.

정조가 임금의 자리에 있었기에 스스로를 지킬 수 있었다고 생각하지 말기 바란다. 임금도 결국 한 개인에 불과하다. 스스로 힘을 기르지 않았다면 그는 종이호랑이에 불과한 임금으로 살았을 것이다.

국가를 경영하는 것과 자신을 경영하는 것이 결코 다르지 않다. 자신을 단련하는 일에 실패한 사람이 조직, 기업, 국가를 경영하는 일에 성공할 수는 없다.

10

태종, 제도를 정비하여 왕조의 기틀을 다지다

조직은 시스템으로 움직여야 한다

조직의 업무가 한두 명에게 집중되는 것은 결코 바람직하지 않다. 그 한두 명이 빠지면 조직은 움직이지 못하게 되기 때문이다. 조직은 개인의 능력보다 여러 사람이 모여 구성하는 시스템으로 주어진 일을 처리해야 한다.

기업이 한 개인의 능력에 지나치게 의존적이라면 실패할 위험을 안고 있다고 볼 수 있다. 무슨 일이든 큰 성공을 거두는 탁월한 인물이 조직 내부에 있는가? 카리스마와 통솔력까지 갖춘 한 명의 리더가 전력 질주하고 있는가? 그렇다면 지금은 조직을 정비하여 새로운 도약을 준비할 때다. 기업의 안정을 위해 시스템을 만들고 조직을 공고히 할 필요가 있다. 성과를 내던 사람이 빠져버리면 조직의 기능이 와해되거나 존립이 위태로울 수 있기 때문이다.

누구 하나가 빠지더라도 그 일을 대신할 시스템이 마련되어 있는가? 조직이 성장하려면 한 개인의 능력에 지나치게 의존하지 않고 전반적인 구조적 안전성을 바탕으로 모두가 협업하는 방안을 모색해야 한다.

태종 이방원은 그 자신의 힘으로 왕좌에 올랐다. 열정과 도전의식, 왕좌를 향한 무한한 욕망 등이 그를 군주의 자리로 이끌었다.

승勝패敗의 기로에서 선택選擇을 말하다

이방원은 조선 왕조가 한 개인의 역량에 휘둘리지 않게 하는 것이 자신의 일이라고 믿었다. 이를 위해 그는 모든 조정의 대소 업무를 시스템화(제도화, 조직화)하고 개인의 능력보다 조직의 힘으로 돌아가도록 만들어 정국을 안정시켰다.

개인보다 시스템을 선택한 태종

이방원은 왕조의 시스템을 만들고 사람에게 의존하지 않도록 각종 제도를 정비한 개혁가라는 평가를 받을 만하다. 그의 선택은 개인보다 국가였다.

그가 왕자 시절부터 관심을 둔 몇 가지 중요한 과업이 있었다. 조정의 실세로 등장하면서 산적한 과업 중에 그가 가장 먼저 선택한 것은 사병 혁파였다. 정승과 왕족이 보유한 사병을 조정의 정식 병사로 전환했다. 이는 특정 개인에게 쏠려 있는 권한을 제한하고 혁명의 가능성을 줄여 왕권을 강화하고 국가 기강을 세운 절묘한 선택이었다.

그다음 태종의 선택은 언론의 견제 기능을 확립하는 일이었다. 사간원이 사생활까지 간섭하고 은밀한 일까지 시시콜콜하게 기록하는 것을 싫어했지만 그럼에도 언로(言路, 신하들이 임금에게 의견을 올리는 길)를 막지 않았다. 왕과 정승, 주요 사대부를 똑같이 견제하는 것이 조정을 운영하는 시스템 강화에 도움이 된다고 보았기 때문이다.

개인에게 쏠리는 권력을 분산시키기 위해 극단적인 방법도 서슴지 않았다. 그 가운데 가장 과격한 조처가 양녕대군의 축출이었다. '세자로 세워놓은 양녕대군에게 군주의 자리를 이어받게 할 것인가? 아니면 좀 더 군주의 재목에 가까운 충녕대군에게 보위를 물려줄 것인가?' 아마도 태종은 숱한 고민을 하며 이 문제를 수도 없이 짚어 봤을 것이다.

양녕대군 폐위 문제를 이야기했을 때 충신 황희조차도 임금의 선택이 앞으로 큰 문제를 일으킬 소지가 있다고 비판했다. 이때 태종은 황희를 남원으로 유배 보내 5년이나 서울로 올라오지 못하게 했다.

태종은 시스템을 세우고 체계적으로 왕의 임무를 수행할 수 있는 인물로 충녕대군이 더 낫다고 여겨 온갖 반대를 무릅쓰고 충녕대군을 세우게 된다. 충녕대군은 훗날 세종이 되어 모두 알다시피 조선을 한 단계 업그레이드시킨다. 세상의 우려에 흔들리지 않고 조직의 시스템을 선택한 태종은 결과적으로 세종의 전성시대를 예비한 군주로 평가 되었다.

勝勝敗敗의 기로에서 선택選擇을 말하다

호패제와 신문고를 운용하다

태종의 관심은 제도의 정착이었다. 그 래서 개인이 지나친 권력을 갖는 문제를 피해야 한다고 보았다. 그의 선택은 과연 옳았다.

그 당시 '왕자의 난'에서 큰 공을 세웠던 이숙번이 위세를 내보 이고 있었고 처남들은 외척으로 관직 임명과 주요 언로의 길목을 장악하고 있었다.

이에 태종은 부인의 반대에도 처남 넷을 모두 사사하고 이숙번 이 다시는 도성으로 들어오지 못하게 했다. 또한 '왕자의 난'에 큰 도움을 주었던 공신들도 거의 강제로 물러나게 했다.

그 와중에 욕을 먹고 숱한 비난에 시달렸지만 그는 흔들리지 않았다. 계속해서 조정의 시스템을 정비했다. 의정부제를 확립하 여 조정의 의사결정이 체계적으로 진행되는 방안을 선택했고 차 기 보위를 이을 세종을 위해 황희와 맹사성 같은 인재를 추천해 주었다.

이 밖에도 최해산을 등용하여 최초의 로켓포와 비슷한 신기전 의 원형을 발명하게 했고, 세종 원년에 이종무 장군을 앞세워 대 마도를 공격하도록 분위기를 조성하여 왜구에 시달린 백성의 해 묵은 숙원도 해결해주었다.

태종의 또 다른 업적은 호패제 실시와 신문고 설치였다. 호패제는 세금을 징수하여 안정적인 국가재정을 마련하는 중요한 과업이었다. 호패제를 통해 비로소 조정의 재정이 안정되기 시작했다. 백성 가운데 누가 세금을 얼마나 낼 수 있는지 추정할 수 있고 병역의 의무를 지울 근거도 마련했다.

태종은 재위 1년 의정부와 하륜의 건의로 신문고 설치를 선택하게 되는데 주위의 반대가 만만치 않았다. 특히 떼를 지어 신문고를 치는 세력이 등장하는가 하면 사적인 감정으로 신문고를 치는 이들도 있었다. 결국 신문고를 계속 둘 것인지 아니면 그만두게 할 것인지를 선택해야 했다. 태종 재위 6년 11월 8일 그는 신문고를 금지하지 말도록 교시했다.

신문고(申聞鼓)를 쳐서 호소하는 자를 금하지 말라. 만일
위반하여 막거나 지체하는 자는 헌사(憲司)에서 규찰하고,
이를 신문(申聞)해서 논죄하라.

56세로 왕위에 오른 지 19년 만에 태종은 승하했지만, 그가 이룩한 시스템은 세종을 조선에서 가장 군주다운 군주로 만드는 배경이 되었다.

구성원 전체가 열심히 뛰는 조직을 만들어라

한때 「웨스트 윙」이라는 미국 드라마가 인기를 끈 적이 있다. 원래 '웨스트 윙'은 백악관 서쪽에 있는 별관을 지칭하는 단어로 대통령 비서실 조직이 근무하는 곳이다. 이 드라마를 보면서 놀라운 사실을 하나 알게 되었다. 대통령이 의회에 나가 연두교서를 발표할 때 모든 장관을 대동해 나가지만 단 한 명의 장관은 대통령 직무대행으로 남겨둔다는 것이다.

백악관에서 의회까지 가는 단거리 이동에도 조직의 생존을 우선시하는 시스템이 정립되어 있는 것을 보고서 좋은 시스템을 만드는 일을 매번 잘 선택하겠다고 생각했다.

이를 두고 혹자는 이런 시비를 걸지도 모르겠다. 일국의 대통령이니까 그렇지 조그만 조직에 무슨 시스템이 그리 중요하냐는 식으로 말이다. 그러나 그렇지 않다. 내가 지금까지 여러 직장에 다니면서 가장 아쉬웠던 것은 개인에게 너무 많은 권한을 부여토록 두었던 점, 출중한 개인에게 너무 많이 의존했던 점, 인재가 빠질 때를 제대로 대비하지 못했던 점 등이다.

미리 업무 매뉴얼을 만들거나 과정을 투명하게 만들지 않아 비싼 기회비용을 치른 적이 한두 번이 아니었다. 이를 조직에 적용한다면 누군가 빠져도 업무가 돌아갈 수 있는지, 특정 인물이 없어도 일이 제대로 운영되는지 점검할 필요가 있다는 말이 된다.

일반적으로 리더는 한 부하직원이 일을 잘하면 그를 중심으로 업무가 돌아가게 방치한다. 또한 능력 있는 직원을 중심으로 연결 통로를 만들려고 한다. 그렇게 하는 편이 일도 순조롭고 훨씬 편하기 때문이다. 하지만 오랜 시간 그렇게 내버려두면 조직 구성원들은 소외감을 느끼며 겉돌게 된다. 조직의 운영도 조금씩 삐거덕거리다 언젠가 문제가 발생한다.

조직은 개인과 개인이 원활한 업무 흐름으로 움직일 때 성장한다. 뛰어난 한 개인의 능력보다 여러 사람이 같은 힘을 발휘할 수 있도록 조직의 시스템을 정비하여 모두가 똑같이 중요한 조직의 일원으로 인정받는 분위기를 만드는 지혜가 리더에게 필요하다.

11

마음의 불안이 낳은 세 번의 환국
감정에 치우치지 말고 이성으로 판단하라

사람은 이성의 동물이라고 하지만 아직 사람들 대부분은 자신의 감정에 좌지우지된다. 물론 세상의 모든 것을 이성적으로만 선택할 수 없다. 때로는 감정에 따라 선택하기도 한다. 하지만 한 조직을 이끌고 있는 리더라면 감정보다 이성적으로 움직여야 하는데 알면서도 놓치는 경우가 허다하다. 리더가 감정적으로 움직이는 순간, 조직은 흔들리기 시작한다.

숙종은 욕심 많은 인물이었다. 게다가 감정의 기복이 심해서 즉흥적이고 좌충우돌하는 스타일이었다. 그는 왕권을 굳건히 하고자 자신에게 절대적으로 순종하는 신하만 챙기고 뜻을 같이하지 않는 자는 철저히 배척했다. 수차례의 환국(換局)정치를 통해 신하들을 처형하는 극단적인 모습까지 보이기도 했다.

탐욕과 고집으로 무장한 숙종은 절대군주시대에 모든 것을 가지려 했기에 탈도 많고 말도 많았으며 항상 정쟁의 한복판에 서 있는 왕이었다. 너무도 즉흥적으로 처신하는 군주였기에 조선의 미래는 그의 감정적인 선택 탓에 더욱 암울해졌다.

근심에 잠식당한 왕

숙종은 한번 불이 붙으면 꺼질 줄 모르는 성격이었고 화를 절제하지 못했다. 그는 왜 근엄함처럼 우리가 흔히 생각하는 왕이 지녀야 할 자질을 갖추지 못했을까?

숙종은 현종 2년 음력 8월 15일 명성왕후 김씨의 외아들로 태어났다. 그는 현종의 유일한 아들로 일찍 왕세자가 되었다. 병약했던 그가 오래 살지 못할 것을 걱정한 부모의 각별한 사랑 덕에 요즘 식으로 말하자면 버릇이 없었다. 그러다 현종이 일찍 승하하는 바람에 숙종은 아무런 경쟁자 없이 13살 때 왕위에 올랐다. 수렴청정도 없이 왕위에 오른 군주로서 그는 이후 46년 가까이 통치했다. 이렇게 경쟁 없이 왕권을 쥔 환경 탓에 그는 독선적이고 폐쇄적이며 아무도 믿지 않는 임금이 되고 말았다. 그런 마음의 불안함은 감정의 기복으로 드러나고 불같은 성격으로 표출되곤 했다.

아버지인 현종이 남인과 서인의 대립 때문에 별다른 치적 없이 국력을 크게 쇠퇴시킨 군주였다는 점이 숙종에게는 콤플렉스로 작용했을 것이다. 그래서 숙종은 즉위 초기부터 주변 인물을 견제하고 서로 믿지 못하게 만드는 바람에 그가 집권하는 동안 신하들의 옥살이와 숙청 공작이 끊이지 않았다.

숙종은 세 왕비를 두었지만 왕자를 얻지 못하자 희빈 장 씨와 숙빈 최 씨한테서 훗날 경종과 영조가 되는 왕자를 생산했다. 이 과정에서 온전한 가정이라면 있을 수 없는 갈등이 불거져 나오는데, 특히 장희빈은 정치적 욕망이 가득한 여인이었다. 정치와 이권을 주물럭거리면서 그녀를 등에 업은 사람들이 대거 등장하기 시작했다. 숙종시대에 드러난 복잡한 정치 상황은 가정사로 치자면 줏대 없는 남편과 욕심 많은 첩이 빚어낸 치정 사건이었다.

세 차례의 환국

숙종시대에는 경신환국, 기사환국, 갑술환국이라 부르는 세 차례의 큰 정치적 사건이 있었다. 이 사건들의 주체가 숙종이었으니 그 책임도 마땅히 숙종에게 돌아갈 수밖에 없다. 세 차례의 환국은 숙종의 왕권을 매우 강력하게 만들었지만, 그가 성군이나 현군이 되지 못한 큰 요인이 된다.

숙종이 스무 살도 되지 않은 1680년에 일어난 경신환국은 당시 힘의 축이 남인에서 서인으로 넘어간 사건이다. 13살이라는 어린 나이에 왕이 된 숙종의 입장에서는 승하하신 아버지가 신뢰했을 뿐만 아니라 그 당시 조정을 지배하던 남인을 믿을 수밖에 없었다. 하지만 정치를 좌지우지하는 남인들이 갈수록 마음에 들지 않았다. 그러던 어느 날 대단한 그러나 사사로운 사건이 발생하면서 상황은 반전된다.

3월에 당시 남인의 영수(領袖, 여러 사람 가운데 우두머리)인 영의정 허적의 집에서 잔치가 열렸다. 그의 할아버지 허잠이 시호 받은 것을 기념하는 잔치였는데 하필이면 비가 내렸다. 이에 허적은 궁궐 천막을 무단으로 가져다 사용했다. 영의정이라는 신분에다 어린 임금이 자신을 믿고 있다는 자만심이 있었을 것이다.

이날 행사를 알고 있었던 숙종은 비가 오자 영의정에게 천막을 내다주라고 명했다. 그런데 이미 허적이 가져다 썼다는 보고를 받고 기분이 상하게 된다. 이 일에 앞서 잔치 때 병조판서 김석주와 숙종의 장인인 광성부원군 김만기가 독살당할 것이라는 소문에다 허적의 서자(庶子) 허견이 무사를 매복시킨다는 유언비어까지 나돌았다. 소문 때문인지 김석주는 핑계를 대고 연회에 불참하고 숙종의 장인인 김만기만 참석했다.

숙종은 천막 사건으로 심기가 불편했던 터에 이상한 소문까지 나돌자 수하로 하여금 허적의 집을 염탐하게 했다. 남인은 거의 다 모였는데 서인은 몇 사람에 불과하다는 보고를 받자 숙종은 순간 남인이 역모를 꾸밀 것이라는 의심을 품었다. 이에 노한 숙종은 허적을 내치고 조정의 요직을 서인으로 교체한다. 그런데 불에 기름을 붓는 사건이 터지는데, 바로 4월에 인조의 손자이자 숙종의 5촌인 복창군, 복선군, 복평군 삼형제가 허견과 결탁하여 역모를 준비한다고 정원로가 고해 난리가 나는 '삼복의 변(三福之

變)'이었다. 모의 내용은 숙종은 몸이 약하고 후사가 없으니 일이 생기면 후사를 인조의 손자 복선군으로 잇게 하자는 것이었다.

결국 남인은 모두 잡혀 모진 고문 끝에 처형되어 몰락하고 서인이 득세한다. 이때부터 서인의 영수 송시열이 주도권을 쥔다. 1680년 10월 인경왕후가 별세하여 후사가 없으니 다음 해 5월 서인 가문 출신 민유중의 딸을 계비(인현왕후)로 맞이한다. 하지만 숙종과 서인의 동거는 10년을 채우지 못하고 균열이 생긴다. 불안함이 가득해 신하들을 믿지 못하는 숙종의 성격이 또다시 문제를 일으킨 것이다.

문제는 세자 책봉을 둘러싸고 일어났다. 숙종은 서른 살도 안된 나이였으나 왕실 주변의 정치적 상황은 후사 문제를 둘러싸고 초긴장 상태였다. 그런 와중에 소의 장 씨(후일 희빈 장 씨)가 왕자를 출산하자 숙종은 다 이뤘다고 생각하고 급한 마음에 다음 해 1월 왕자를 원자로 삼고 장 씨를 희빈에 책봉한다. 그러자 서인은 (그들이 밀어 넣은) 숙종의 정비(正妃)가 젊은데 후궁한테서 얻은 왕자를 세자로 세우는 것은 성급하다며 반대했다. 사실 그 속내는 남인과 가까운 희빈 장 씨 때문에 나중에 자신들이 밀려날까 걱정했기 때문이다. 특히 서인의 영수 송시열은 중국에서도 전례 없는 일이라며 숙종의 뜻을 정면으로 반대했다.

화가 치밀어 오른 숙종은 '전격적이고 대대적인 숙청'을 단행하여 송시열의 관직을 파하고 시골로 쫓아버린다. 조정의 요직을 서인에서 남인으로 교체하는데, 이 모든 일이 열흘 안에 일어났다. 숙종은 경신환국 때 처벌한 남인의 복권을 지시했다. 이로써 어제의 역적은 영웅이 되었고 당대의 리더는 모두 역적이 되었다.

이처럼 숙종은 도무지 종잡을 수 없는 예측이 불가능한 정치를 펼쳤다. 사림으로부터 존경받던 송시열을 유배지로 압송하다가 정읍에서 사사해버린 일과 세상을 떠난 율곡과 성혼을 문묘에서 빼버린 일은 실로 충격적인 처사였다.

생각이 없는 것인지 너무 멀리 내다보는 것인지 모를 충격적인 복수와 복권 앞에서 신하들은 벌벌 떨 수밖에 없었다. 이것이 바로 기사환국이었다. 결과적으로 장희빈은 정비로 책봉되었고 서인이 장악했던 조정은 대부분 남인으로 교체되었다.

차마 눈뜨고 보지 못할 마지막 사건은 숙종 중반에 일어난 갑술옥사라 불린 환국이었다. 폐비 민 씨를 불쌍히 여긴 신하들이 서인 주도로 복위운동을 전개하기 시작하자 집권파인 남인은 이를 계기로 서인 일파를 완전히 축출하려고 김춘택 등 수십 명을 체포하여 고문했다. 장 씨를 정비로 올리고 그의 아들을 세자로 삼도록 한 남인들이었기에 서인이 다시 집권하면 모든 게 수포가 될 것이라고 우려했기 때문이다.

그때쯤 숙종은 장 씨를 희빈으로 삼았다가 왕비로까지 책봉한 사실을 후회하고 있었다. 장 씨의 방자한 행동에 염증이 나면서 민씨를 폐한 일을 뉘우치는 중이었다. 그사이 새로 후궁으로 얻은 최 씨(숙의, 후일 숙빈 최 씨)를 향한 감정이 깊어지고 있었다.

이듬해 김인, 박귀근 등은 중전 장 씨의 오빠 장희재가 숙의 최 씨를 독살하려 했다고 고변한다. 드라마에서 많이 다뤄진 주술과 저주가 그 배경에 자리 잡고 있었다. 이것이 실화인지 고문 때문에 나온 조작된 사건인지 정확히 말하긴 어렵지만, 최소한 숙종의 개인 첩실들의 갈등사가 정치적 환국으로 불거졌으니 조정의 기강은 말할 것도 없이 흐려졌고 임금의 권위도 땅에 떨어졌다.

결국 기사환국을 180도 뒤집어 송시열 등이 복권되고 율곡과 성혼은 다시 문묘에 종사되었다. 주요 관직에 있던 남인은 쫓겨나거나 처벌되었다. 중전도 교체되어 장 씨는 희빈으로 강등되었고, 민 씨는 중전으로 복귀했다. 숙종이 총애하던 숙빈 최 씨는 훗날 영조가 되는 아들도 낳았다. 1701년 인현왕후가 승하하자 그동안 희빈 장 씨와 그 일가가 주술 등의 방법으로 왕후를 저주했다는 사실이 드러나 숙종은 장 씨를 사사하고 장희재를 처형한다.

46년에 걸친 긴 치세 동안 숙종은 많은 업적을 남겼지만 세 번의 환국으로 국력 쇠퇴, 정치적 후퇴, 독재정치의 폐해 등을 남겨 조선 후기 정쟁격화와 국력쇠퇴를 가져온 주원인으로 꼽히고 있다. 숙종은 즉흥적이었고 감정적이어서 정국의 방향을 한곳으로 몰아가는 데 서툴렀다. 그가 깃발을 드는 쪽은 살아남았고 반대하던 쪽은 죽음을 당했다. 그런 점에서 숙종의 정치사는 부정적 성격이 더 크다고 지적되기도 한다.

즉흥적 선택은 실패를 부른다

조직의 구성원이나 리더가 숙종처럼 변덕스럽고 자기 주관이나 철학 없이 임기응변식으로 모든 일을 처리하면 그 조직은 무너질 수밖에 없다. '즉흥적 선택'을 긍정적으로 평가하는 이들은 이를 '직관'이라고 부르며 합리화하기도 한다. 하지만 즉흥적 선택의 반대야말로 '합리적 선택'이다. 서울대 철학연구소의 정의에 따르면 '합리적 선택'이란 '우리에게 달려 있는 것들에 대한 숙고적 욕구'를 말한다고 한다. 철학 용어라서 쉽게 이해되지 않는 분들을 위해 사족을 달자면, 행위보다는 합리적 선택을 하는 모습에서 사람을 판단할 수 있다는 것이다. 행위의 결과만 놓고 보면 많은 우연적인 요소 때문에 애초에 그 사람의 의중이 무엇인지 정확히 알지 못하지만, 어떤 사람이 합리적으로 선택하는 모습을 보면 그 사람이 어떤 사람인지를 더 정확히 알 수 있다는 것이다.

"즉흥적이거나 별안간에 한 행위는 합리적 선택에 따라 한 행위가 아니다"라는 아리스토텔레스의 말을 토대로 보면 합리적 선택은 상당한 시간의 숙고를 거쳐야 한다는 조건을 발견할 수 있다. 어떤 영향이나 간섭을 배제하고 충분히 생각한 다음 결정하는 일은 예측할 수 있다. 리더의 행동이 합리적으로 예측 가능하면 조직은 그를 따르게 되어 있다. 사람이 하는 일이니 어느 정도 불확실성이 따르지만 조직과 개인의 미래를 결정하는 일 앞에서는 즉흥적 선택을 피하는 것이 최소한의 안정을 보장하는 길이다.

불안한 상황에서 선택해야 한다면 즉흥적 선택을 할 가능성이 크다. 불안한 마음 때문에 진정이 안 되는 데 주변에서 강하게 밀어붙이거나 심기를 건드릴 정도로 반대한다면 혼란에 빠져 즉흥적이면서 감정적인 선택을 하게 된다.

리더가 그런 모습을 보인다면 해당 조직은 불안감을 느끼고 흔들리게 된다. 불안한 마음을 추스른 다음 선택해도 늦지 않다.

12

젊은 이방원을 우습게 본 정몽주의 패착

상대를 과소평가하면 패자가 된다

사람의 심리 중 두드러지는 것 중 하나가 '강자에게 약하고 약자에게 강하다'는 것이다. 무엇보다 한 번 약자는 영원한 약자로 생각한다. 그래서 어제의 약자도 오늘, 내일도 약자라고 본다. 약자의 칼이 하루 사이에 내가 갖고 있는 칼보다 강해질 수도 있는데 말이다.

정몽주가 선죽교에서 이방원의 수하에게 비참한 죽음을 맞았을 때 그의 나이는 만 55세였다. 이성계는 그보다 두 살 많았고 이방원은 무려 서른 살 밑이었다. 고려의 구태를 벗어버리고 개혁을 꿈꾸었던 정몽주는 당시로 봐서는 아직 철없는 젊은이였던 이방원의 계략에 걸려들어 세상을 떠났다.

사냥을 나갔다가 낙마해 조정 출입이 어려워진 이성계를 축출하려던 계획이 실패하면서 그는 어이없이 이방원의 기습을 받아 목숨을 잃고 만다. 보수파 최영 장군이 참형을 당한 뒤 정몽주의 죽음으로 사실상 고려는 그 막을 내렸다.

고려 왕조를 짊어진 야심가

우리는 정몽주를 고려의 보수주의 정치가, 이성계와 대립한 학자 정도로만 알고 있다. 하지만 정몽주

승勝패敗의 기로에서 선택選擇을 말하다

는 그저 공부만 한 학자가 아니었다. 그는 무장(武將)의 자격으로 전쟁터에서 왜구와 여진족을 물리치고 해외로 나가 외교전을 펼치기도 했다. 한마디로 그는 올라운드 플레이어(all round player)였다. 인간 존중의 의리, 학문에 대한 깊은 사랑과 나라를 위하는 충성심, 백성을 향한 한없는 자비심까지 갖춘 그는 한 나라의 리더로 부족한 점이 없는 아주 훌륭한 사나이였다.

24살의 나이로 과거에 장원급제한 정몽주는 전쟁터, 중국과 일본 사절단으로 오가며 평생을 일한 현장 중심의 리더였다. 그는 공민왕의 총애를 받아 26세 때 종사관으로 여진족 정벌전에 나섰다. 첫 해에는 대실패로 후퇴하고 말았지만 이듬해 여진족에게 승리를 거둔다. 이후에도 두 차례의 전쟁에 공식적으로 참전하며 자신의 이름을 세상에 알리기 시작했다.

그가 장수로서도 크게 이름을 떨친 것은 44세 되던 해였다. 당시 이성계를 따라 조전원수(임시무관직, 전쟁을 지휘하는 주장을 돕는 자리)가 되어 전라도 운봉에서 왜구를 크게 무찔렀고 3년 후 다시 이성계와 동북면 전투에 참가하여 공을 세웠다. 이뿐만 아니라 명나라에 여섯 차례, 일본에 한 차례 등 무려 일곱 번의 외교전을 펼치기도 했다.

전쟁이 일어나면 눈치나 보고 빠질 궁리를 하던 당시 사대부들과 달리 몸을 사리지 않고 현장으로 달려 나간 정몽주가 대소신료로부터 신뢰를 받았다. 최영을 넘어 최고의 세력으로 등장한 신흥 정치집단의 수장이자 막강한 군사력과 폭넓은 지지 세력을 갖췄던 이성계가 이런 정몽주를 눈여겨본 것은 어쩌면 당연한 일이었다.

당시 이성계는 힘도 있고 백성의 신망도 두터웠으나 지략이 부족했다. 당시 고려로는 아무것도 할 수 없다고 생각하고 기회를 엿보고 있었지만 정치적 경쟁자들과 비교할 때 지모(智謀)가 부족하다고 느낀 탓에 늘 제갈량 같은 책사를 찾고 있었다. 그래서 그의 참모와 책사 역할을 할 사람으로 정몽주, 정도전, 조준 등이 자연스레 거론되었다.

특히 이성계는 정몽주와 가까워지려고 노력했으나 정몽주는 이성계가 수하로 삼기에는 너무 큰 그릇이었다. 이성계는 자신에게 충성스러운 참모를 만나고 싶어 했으나 정몽주는 자신과 협력할 정치적 동반자를 찾고 있었다. 동상이몽이었다고나 할까?

시간이 흘러 이성계를 왕으로 세우려는 움직임이 분명해지자 고려 왕조를 지키고 싶었던 정몽주는 이성계와는 같은 길을 갈 수 없다고 판단했을 것이다. 이것이 두 사람이 각기 다른 선택을 한 배경이었다.

승勝패敗의 기로에서 선택選擇을 말하다

상황을 파악하지 못한 실책

1392년 3월, 명나라에서 돌아오는 세자를 마중 나갔던 이성계가 말에서 떨어져 조정 출입이 불가하다는 소식이 들려왔다. 위세가 날로 커지는 이성계를 제거하려던 정몽주로서는 천재일우의 기회였다. 정몽주는 이때를 계기로 이성계 일파를 제거하기로 마음먹고 대간을 부추겨 조준과 정도전, 남은, 윤소종, 남재, 조박을 탄핵하게 했다. 하나같이 이성계의 측근들이었다. 이로써 이성계의 세력은 급격히 축소되었으나 정몽주는 반대 세력의 위협을 지나치게 사소한 것으로 착각한다.

정몽주의 지지 세력이 100이라면 이성계는 2,000이 훨씬 넘었다. 정몽주를 지지한 이들은 당시 언론을 맡았던 사관들과 이를 둘러싼 지지세력 20여 명, 그리고 후일 개성 두문동에 들어가 끝까지 조선 개국에 협조하지 않았던 두문동72현(杜門洞七十二賢, 고려가 멸망하고 조선이 건국되자 끝까지 충절을 지킨 고려의 유신 72인) 정도밖에 없었다.

이성계는 시골 출신에다 어찌 보면 별 볼 일 없는 변방의 장수에 불과했으나 조선 동북면 지역을 근거지로 삼고 있었으며 당대 최고의 명장 이지란을 거느리고 있었다. 이지란은 이성계를 능가하는 무술 실력에 수만 명에 달하는 여진족의 행보를 결정할 수 있는 정신적 지도자이기도 했다. 이지란 하나로도 방패막이하기에는 충분했다.

이성계가 두각을 나타낼 즈음 그의 휘하에는 2,000명이 넘는 친병이 있었다. 더구나 사대부 세력 상당수와 의주, 단주 등 주요 지역의 무장까지도 그를 지지하고 있었으며 위화도 회군 이후 3군 도통제사로 중앙과 지방의 모든 군사를 통솔하고 있었다.

성을 방비하는 군사들은 왕의 명령으로 움직이는데 당시 정몽주는 이들을 자신의 세력으로 간주했다. 그 병력 정도면 이성계를 축출할 수 있다고 봤을 것이다. 그러나 이성계 휘하에 있던 병력은 격이 달랐다. 고려인과 여진족, 신진사대부로 구성된 사조직은 왕과 관계없이 이성계에게 절대 충성하는 세력이었다.

정몽주는 신중하고 사려 깊은 이성계가 자신을 어떻게 하지는 않으리라고 믿는 한편 잠자는 용 이방원을 아예 경쟁상대로 생각하지 않았다. 하지만 그것이 가장 큰 패착이었다. 이방원은 반대파의 리더인 정몽주만 쓰러뜨리면 그 밑의 참모들은 저절로 흩어지리라 파악하고 있었다. 정몽주가 죽은 후 이방원의 예측은 정확히 들어맞았다.

또한 정몽주는 여론조차 제대로 파악하지 못하고 있었다. 고려의 무인들과 이성계 휘하의 무인들에게 정몽주는 밉보인 상태였

승勝패敗의 기로에서 선택選擇을 말하다

던 것이다. 공양왕은 군부의 권한을 약화시키기 위해 군인들에게 호패 착용을 지시하고 그동안 면제해주었던 3년 상(喪)도 반드시 지키도록 명했다. 나라를 지키는 군인에게 사대부와 똑같은 의무를 적용토록 했으니 반발이 거센 것은 당연했다. 무인들은 정몽주를 이 조치의 주동자라고 낙인찍어 그에 대한 지지를 철회했으나 정몽주는 이러한 상황조차 제대로 파악하지 못했다

사자는 평원에서 경쟁자들과 싸울 때 파리가 달려들어도 눈 한 번 깜박이지 않는다고 한다. 그 사이에 상대가 먼저 달려들 수 있기 때문이다. 이렇듯 목숨을 건 사투에서 틈을 보이는 행위는 죽음으로 이어진다. 하지만 정몽주는 상대를 제대로 파악하지 못한 채 사태를 안일하게 판단하는 우(愚)를 범했다.

거사 당일 정몽주는 변중량을 통해 암살 계획을 미리 알고 있었다. 정몽주의 제자이자 이성계의 이복형 이원계의 사위였던 변중량이 알려준 정보이니 틀림없었다. 그런데도 정몽주는 이를 무시하고 이성계의 집으로 찾아간다. 상황을 엿보려는 심산이었으나 그것으로 암살의 단초를 제공하고 말았다.

이성계는 병문안하러 온 정몽주를 전과 같이 대접했다. 정몽주는 이때 표리부동(表裏不同, 겉과 속이 다름)의 현실을 파악해야 했으나 안일하게 대응하여 결국 돌아오는 길에 피살되고 만다.

방심은 실패로 이어진다

우리는 다양한 사람들과 만나면서 경쟁도 하고 협상도 한다. 이때 자신보다 능력이 뛰어난 큰 상대라 하여 겁먹을 필요도 없고, 만만해 보여 가볍게 대해서도 안 된다. 그런데 희한한 것은 상대방이 강하면 잔뜩 긴장하고 철저하게 준비하지만, 상대방이 만만하거나 약해 보이면 쉽게 여겨 최선을 다하지 않다가 종종 당한다.

해현경장(解弦更張, 거문고의 줄을 바꾸어 매다)이라는 말이 있다. 느슨해진 것을 다시 조여 맨다는 말로 긴장을 늦추지 말라는 의미를 내포하고 있다.

기업이나 조직이나 야구경기나 다 마찬가지다. 방심하면 실패하기에 십상이다. 10점을 리드하다가도 역전당하는 게임을 우리는 가끔 본다. 그때 역전패를 당한 감독에게 상대의 사정을 잘 봐줘서 멋지게 졌다고 칭찬할 관중이 어디 있겠는가? 승부의 세계는 냉혹하다. 상대를 존중하는 것과 승리를 결정짓는 것은 차원이 다른 문제다.

13

임진왜란의 영웅을 죽인 치졸한 욕심

능력 있는 사람을 시기하지 마라

사람들 대부분은 자신이 아는 사람 중에 잘 나가는 사람이 있
으면 박수보다 시기, 질투를 한다. 그러나 그 시기, 질투가 오
히려 자신에게 더 큰 피해가 되어 돌아온다는 것을 모른다.

선조는 임진왜란이 발생하자 군주의 체통을 버린 채 피난길에 나섰고, 내로라하던 신하들도 자신의 안위와 피신에 정신이 팔려 있었다. 그러한 때에 무명의 장수와 소졸(小卒)들이 의병이 되어 쟁기와 쇠스랑을 들고 일어섰다. 그중에 정문부는 왜병과 싸워 함경도를 구한 뛰어난 의병장이었으나 치졸한 모함을 받아 목숨을 잃고 말았다. 그를 기리는 기념비조차 일본에 도적질 당했다가 간신히 돌아왔다.

2만의 정예군을 물리친 민간 의병장

고려대학교 박물관에 '북관유적도첩'이 있다. 임진왜란 때 함경도에서 공을 세운 8인의 행적을 글과 그림으로 소개한 작품인데 마지막 부분인 '창의토왜도' 속에 의병장 정문부의 모습이 들어 있다. 이 그림에는 처음 100명 남짓 모

　　　　　　　　　　　승勝패敗의 기로에서 선택選擇을 말하다

인 의병이 일본의 정예부대였던 가토 기요마사가 이끈 2만 대군을 물리친 북관대첩이 담겨 있다. 이 싸움은 행주대첩, 직산대첩과 함께 임진왜란 3대 육상대첩으로 손꼽는다.

정문부는 과거에 급제한 후 성균관에서 공부하다가 임진왜란이 터지자 의병으로 전장에 뛰어들었다. 용맹함과 전술이 누구보다 뛰어나 그는 의병장으로 추대되었다. 성균관 유생이었던 의병장이 이끄는 부대가 어떻게 가토 기요마사의 정예군과 싸워 이길 수 있었을까?

정문부가 이끄는 부대는 서열이 아니라 오로지 능력 위주로 구성되어 있었다. 이 구성은 의병대를 강하게 하는 배경이 되었다. 또한 철저히 정신 무장이 된 결사대를 효과적으로 운용하고 지형지물(地形地物)과 날씨를 무기로 삼은 기습전을 수시로 펼쳐 큰 성과를 냈다. 정문부의 결사대 20여 기는 함경도 경성에 있던 왜군 지휘부를 기습해 방심하고 있던 왜군을 초토화하고 뒤따라온 의병부대가 성을 접수하는 놀라운 승리를 거두기도 했다.

정문부의 연승으로 큰 타격을 입은 가토 기요마사는 더 견뎌내지 못하고 절반도 되지 않는 부대를 이끌고 후퇴한다. 도요토미 히데요시가 이를 일본의 치욕이라고 비난할 정도였다. 이후로 왜군은 함경도에 한 명도 발을 붙이지 못했다.

시기와 모함으로 목숨을 잃다

적은 내부에 있다고 했던가. 정문부의 공을 가로채고 의병들이 취한 적의 수급을 빼앗아 자기 공로로 돌리는 순찰사가 등장했다. 부하들이 억울함을 호소하자 정문부는 "어쨌든 죽인 건 사실 아니냐? 명예를 탐하지 마라. 우린 그냥 의병이다"라며 위로해줬다.

항의하는 사람이 늘어나자 사실이 드러나는 것을 막기 위해 정치적 협잡꾼들이 움직이기 시작했다. 그들은 여기저기서 가짜 혐의를 만들어 투서와 모함용 상소가 올라가게 했다. 그 상소를 받은 자들도 뇌물로 쌓은 피라미드의 꼭대기에 선 자들이었다. 그들은 정치적 견제와 모함으로 정문부를 의병장에서 해직시켜 사병으로 만든다. 이순신도 일개 사병으로 만든 전력이 있는 자들이 아니던가.

함경도 지역 최고 관직자인 북변순찰사 윤탁연이 바로 정문부를 깎아내린 대표적인 인물이었다. 그는 정문부가 전투를 치르고 나면 조정에 왜곡된 보고를 계속 올려 정문부의 공을 깎아내렸다. 그 결과 정문부는 반적 괴수 국세필을 주살한 공만 인정받아 영흥부사에 제수되는데 그쳤다. 『선조수정실록』27권 1593년 1월 1일 기사를 보면 정문부와 윤탁연의 관계가 기록되어 있다.

승勝패敗의 기로에서 선택選擇을 말하다

정문부는 처음에 직급이 낮은 신분으로서 의병대장이라 자칭하고 순찰사 윤탁연에게 문서를 보냈는데, 윤탁연이 그의 공을 꺼려하여 '평사(評事)는 일개 막관(幕官)이니 마땅히 감사(監司)의 절제를 받아야 하고 서로 대등하게 대해서는 부당하다'고 하며 꾸짖었으나 정문부는 따르지 않았다. 이 때문에 정문부가 전후로 세운 전공(戰功)을 윤탁연이 모두 사실과 반대로 조정에 보고하였으며, 정문부의 부하가 수급(首級)을 가지고 관남(關南)을 지나면 그가 모두 빼앗아 자기 군사에게 주었다. 그리고 정문부의 행동이 불궤(不軌)스럽다고 조정에 아뢰었다. 이에 정문부가 바로 군사를 해산시키려 하였으나 군졸들이 모두 흩어지지 않고 그의 곁에 있었으며, 혹은 사잇길로 달려가서 행재소(行在所)에 보고하니 조정에서는 의심을 하면서 둘을 무마시켰다. (중략) 윤탁연이 또 정문부를 발호(跋扈, 권세를 제멋대로 부림)한 자라고 보고했으나 행조(行朝)에서는 따지지 않았다. 그러다가 사신을 보내 그 실상을 조사하게 하였는데, 윤탁연은 사신에게 후한 뇌물을 주어 스스로 변명하였다. 무릇 사대부의 가속(家屬)으로서 관남(關南)에 있는 자들에게 모두 윤탁연이 곡식을 흩어주어 구제하니 사람마다 칭찬하였으며, 조정에서 차출하여 북쪽에 들여보낸 자들이 모두 추위에 떨고 있는 상황에서 그들에게 옷과 장비를 주었으므로 그들이 조정에 돌아와서는 윤탁연을 옹호하고 정문부의 공은 분명하게 말하지 않았다. 이에 남북의 군민(軍民)들로서 분개하지 않는 자가 없었다.

이후 정문부는 혼탁한 당쟁의 와중에 여러 역모 사건에 억울하게 얽혀 모진 고문을 당한 뒤 투옥되고 만다. 그는 가혹한 형벌을 받으면서도 반역은 부인했다. 강직한 신념의 사나이였던 정문부는 조국을 위해 평생을 바쳤으나 역적으로 몰려 60세에 감옥에서 억울하게 죽고 만다. 그가 복권된 것은 44년이 지나서였다.

1709년 길주에 많은 백성이 의병의 전승을 기념하는 북관대첩비(北關大捷碑)를 세우고 정문부를 칭송했다. 그런데 러일전쟁을 치르던 일본군은 이것을 '치욕의 비'라고 하여 일본으로 보낸다. 북관대첩비는 여러 곳을 전전하다 야스쿠니신사 뒤편 구석에 방치되었다. 훗날 독립운동가 조소앙이 이 비석을 발견하고 쓴 글을 1978년 일본 국회도서관에서 최서면이 찾아내면서 반환운동이 시작되었다. 20여 년의 협상 끝에 북관대첩비는 2005년 10월 드디어 한국으로 반환되었다. 이후 국립중앙박물관에 안치되어 공개되었다가 비석이 원래 있던 곳으로 보내기 위해 북한으로 전달되었다. 비운의 영웅 정문부는 이렇게 세상에서 버림받았다가 21세기가 되어서야 고향 땅으로 돌아갈 수 있었다.

생전에 정문부를 시기하고 모함했던 윤탁연은 어떻게 되었을까? 그는 그토록 집착했던 명예와 권력을 제대로 누리지 못하고 전란 중에 병으로 객사했다. 조선의 문장가이자 학자로 상당한 이름을 얻은 그였으나 시기심과 질투에 눈이 멀어 실록에 가장 부정적인 기록을 남기고 말았다.

경쟁 상대를 인정하는 기개 있는 리더

조직생활을 하다 보면 자신보다 뛰어난 동료나 부하직원을 만나게 된다. 협조와 상생의 정신으로 상대를 인정해야 하겠지만 그게 말처럼 쉽지는 않다. 동료를 밀어주거나 부하직원을 키우면 자신의 경쟁 상대가 된다고 여기기 때문이다. 능력 있는 동료를 시샘하고 부하직원이 만든 결과를 마치 자신이 한 것처럼 가로채는 일도 빈번히 발생한다. 직장인 5명 중 3명은 직장에서 자신의 성과를 상사나 동료 혹은 부하직원에게 빼앗긴 경험이 있다는 조사 결과도 있었다.

일본항공(JAL) 명예회장 겸 교세라(일본 교토에 본사를 둔 전자기기, 정보기기, 태양전지, 세라믹 관련 기기 제조회사) 명예회장인 이나모리 가즈오는 이렇게 말했다.

"기업에 불미스러운 일이 생겨도 리더 자신은 책임지지 않고, 대신 부하가 책임을 지거나 그만두는 일이 대기업과 은행에서 종종 일어난다. 이는 리더를 잘못 선택한 탓이다. 능력 있는 사람이 아니라 목숨을 걸고 조직원·기업을 지킬 기개가 있는 사람이 리더가 돼야 한다. 대의명분이 분명하다면 직원들도 하나가 돼 분골쇄신 일할 것이다."

이나모리 가즈오는 경영의 신(神), 윤리경영의 귀재가 아니던가. 그런 경영의 도사가 능력 있는 사람보다 됨됨이가 된 사람을 유능하게 여겼음을 주목할 필요가 있다.

잘 나가는 동료나 부하를 둔 사람이 어떻게 행동해야 하는지가 이 말에 담겨 있다. 잘 나가는 사람을 보면 음해할 일이 아니라 박수를 보내는 마음이 필요하다. 부하직원이 눈에 띄는 실적을 올렸는가? 인정하고 박수를 보내라. 그 박수가 언젠가 더 큰 박수가 되어 돌아올 것이다.

승勝패敗의 기로에서 선택選擇을 말하다

14

대마도를 포기한 태종과 세종의 패착

미래 가치를 놓치지 마라

전후 상황을 다 검토하고 선택한 줄 알았는데, 알고 보니 미처 고려하지 못해서 남 좋은 일만 해준 적이 있을 것이다. 분명 그때는 빼놓지 않고 검토한 줄 알았는데 어떻게 이 부분을 생각하지 않았는지 나중에 자신의 무릎만 계속 치며 후회한다. 지금, 눈앞의 모습만 보고 상황을 판단하는 것은 아닌가?

조직의 리더, 경영자의 안일한 판단이 조직과 기업에 심각한 위험을 초래하는 경우가 있다. 우리 역사에서도 마찬가지다.

지금으로부터 약 600년 전 화약 냄새와 피비린내가 요동하는 대마도 해변에 이종무 장군이 있었다. 지친 표정이 역력했으나 임금의 명을 받들어 왜구를 소탕하고 대승을 거둔 기쁨으로 얼굴에는 미소가 피어올랐다. 그의 발밑에선 대마도 도주(島主)가 무릎 꿇고 생명을 구걸하고 있었다.

그로부터 이틀 후 이종무는 병사를 이끌고 당당하게 거제도로 개선한다. 물론 사전에 거제도로 돌아오라는 지시가 있었을 터였다. 그날 이종무가 병력을 남겨뒀더라면 대마도는 영원히 조선의 땅이 되었을 것이다. 하지만 안타깝게도 대마도는 훗날 임진왜란의 발판이 되었고 대마도 도주는 왜구의 앞잡이가 되어 한반도를 유린했다. 그 결과 조선의 국력은 약화되고 조선 왕조의 기세는 기울게 된다. 왜 태종과 세종은 대마도를 정벌한 뒤 그냥 떠나는 선택을 했던 걸까?

현실 너머에 있는 가치가 더 중요하다

그 당시 대마도는 척박한 땅이었고 조선의 영토가 분명했기에 왕은 굳이 병력을 남겨 군량과 녹봉을 지출할 필요를 느끼지 못했을 것이다. 이는 태종 이방원이 대마도 도주에게 보낸 편지를 통해 확인할 수 있다.

> 대마도라는 섬은 경상도의 계림(鷄林)에 예속했으니 본디 우리나라 땅이란 것이 문적(文籍)에 실려 있어, 분명히 상고(上告)할 수 있다. 다만 그 땅이 심히 작고 바다 가운데 있어서 왕래함이 막혀 백성이 살지 않는지라 ….

조정으로서는 작고 쓸데없는 땅에 병력을 남겨두기가 벅찼을 것이다. 대마도는 땅이 척박해 사람들이 거주하기 불편할 뿐 아니라 생산물도 거의 없어 해적질이 아니면 먹고살기가 막막한 곳이었다.

대마도와 한반도의 거리는 불과 49킬로미터로 100리가 조금 더

되는 지척이었다. 그 때문에 한반도 해안은 물론 내륙 깊숙한 곳까지 대마도 왜구의 노략질이 심하여 백성의 원성이 높았다. 조선을 세운 이성계는 대마도 정벌을 명령했지만 그 뜻을 이루지 못하고 눈을 감았다. 이성계의 유지(遺志)를 받들어 아들 태종 이방원은 늘 대마도 정벌을 꿈꿨다. 기회를 엿보던 태종은 세종이 즉위하자마자 전군에 비상을 걸고 명령을 내린다.

원정군 총사령관 이종무는 병선 227척, 원정군 1만 7,285명을 이끌고 대마도 정벌을 떠난다. 당시 조선 정예 병력 3분의 1이 투입된 큰 규모였다. 1차 정벌은 폭풍우로 무산되어 이틀 후 공격 선단이 대마도를 향해 2차 정벌길에 오른다. 현지 사정을 살피려고 열 척의 배를 정탐선으로 보냈는데 대마도 사람들은 왜구가 귀환하는 줄 알고 손을 흔들고 나오다가 뒤늦게 조선의 군대라는 사실을 알고 혼비백산하여 도망쳤다.

항복을 권하였으나 대마도 도주가 듣지 않고 도리어 반격에 나서자 이종무는 상륙작전을 감행한다. 그 결과 왜구 선박 129척을 나포해 20여 척만 남기고 불태웠으며 가옥 1,939채를 불살랐다. 또한 적병 114명을 사살하고 21명을 생포하는 동시에 중국인 남녀 131명을 구출했다. 그러나 열흘 이상 섬 곳곳에서 게릴라전으로 저항한 왜구들의 공격 때문에 조선군 180명이 전사하는 희생

승勝패敗의 기로에서 선택選擇을 말하다

을 치러야 했다.

태종은 희생을 통 크게 받아들이고 대마도 도주에게 '너희 섬도 하늘이 내린 것이니 부왕의 마음을 이어받아 너희를 측은한 마음으로 여긴다'는 서찰을 보낸다. 속국을 가르치고 계몽하는 마음, 즉 당근과 채찍으로 그들을 회유한 것이다. 도저히 승산이 없다고 판단한 도주는 대마도를 조선의 속주로 인정해주면 기꺼이 따르겠다며 항복했다.

그리 중요해보이지 않는 땅에 힘을 낭비할 필요가 없다고 생각한 왕은 도주의 말을 믿고 이종무에게 철수를 명령한다. 하지만 그때 대마도에 지휘 감독관과 병력을 남겼다면 역사는 달라지지 않았을까?

세종 이후 한 번의 기회가 더 있었다. 1592년 조선은 임진왜란으로 전 국토가 유린되고 경제생산성이 4분의 1로 줄어드는 타격을 받았다. 전쟁이 끝나고 도요토미 히데요시가 죽자 일본에 나갔던 통신사 황신은 선조에게 대마도 공격을 주장했다.

"조선이 쌀과 면포로 먹여 살렸던 대마도입니다. 그런데 그들이 배은망덕하게 도요토미 히데요시를 부추겨 감히 조선에 전쟁을 일으켰습니다. 이들을 정벌하여 씨를 말리고 원한을 풀어야 합니다."

당시 조선의 수군은 건재했으므로 명나라의 지원을 받아 다시는 조선을 넘보지 못하게 하자는 의견이었다. 그러나 명나라의 반대와 조정의 분열로 이 일은 성사되지 못했다. 결국 대마도 도주는 다시 일본 본토의 세력과 더불어 한반도 침략을 수시로 도모하는 작태를 보인다.

조선 초 태종과 세종이 대마도에 병력을 조금이라도 남겨뒀더라면 오늘날 동아시아의 지도는 새로 그려졌을 것이다. 아니, 그 이후에 황신의 주장대로 대마도에 본때를 보였더라도 역사는 달라졌을 것이다. 하지만 역사에 가정이란 없으니 못내 아쉬울 뿐이다. 지도자의 잘못된 선택은 역사에 오래도록 후환을 낳는 법이다.

판단이 끝났다고 생각될 때 다시 생각하라

대마도와 정반대의 판단이 만든 역사도 있다. 바로 오키나와다. 오키나와의 원래 이름은 '류큐'다. 유구국(琉球國)은 오늘날 일본의 오키나와제도에 해당하는 곳으로, 12세기부터 유력한 몇몇 집단이 이곳을 두고 다툼을 벌이다 삼국으로 갈라진 뒤 통일왕국으로 거듭났다. 고려와 조선을 상대로 물적·인적 교류를 했던 이 나라는 동북아시아와 동남아시아를 잇는 해상로에 있었지만, 지리적으로 멀고 바닷길이 험해 어느 나라도 이곳을 차지하려 들지 않았다. 그러나 도요토미 히데요시는 류큐의 미래 가치를 내다보고 왜란에 참전했던 지방 무사 시마즈 요시히로에게 명령해 1609년 이곳을 정복한다. 메이지유신 이후인 1879년에는 그 땅을 일본으로 강제 편입시킨다.

오늘날 오키나와가 없는 일본을 생각할 수 있겠는가? 오키나와가 일본에 얼마나 큰 가치가 있는 곳인지 이루 말로 설명할 수 없을 정도다. 이처럼 국가의 경영에서 지도자의 선택은 대마도와 오키나와 같은 상반된 결과를 낳는다.

대마도를 정복했지만 그 땅의 미래 가치를 생각하지 못하고 포기한 것은 매우 어리석은 선택이었다. 선택할 때는 눈앞의 모습, 현상만 생각하지 말고 앞으로 어떤 결과를 가져올지 다각도로 고민해야 한다.

선택의 중요성은 직장인과 사업가들, 조직의 리더들에게도 그대로 적용된다. 지금의 모습만 보고 선택한다면 후회할 가능성이 크다. 나의 선택이 안일한 판단의 결과로 '대마도 포기'처럼 되지 말라는 법은 없다.

판단이 끝났다고 생각되는 순간, 다시 한 번 더욱 깊이 생각하고 놓친 것이 없는지 꼼꼼하게 살피기 바란다.

독도 문제로 한일 양국의 관계가 악화일로에 있는 시점이라 대마도 정벌과 관련한 역사적 선택이 더욱 가슴 아픈 일로 다가온다.

승勝패敗의 기로에서 선택選擇을 말하다

15

동아시아의 다빈치, 장영실이 사라진 이유

실패한 부하에게 기회를 줘라

아랫사람이, 또는 부하가 하는 일마다 잘하면 그리 걱정을 할 필요가 없다. 하지만 그들도 사람인지라 실수와 잘못을 하기 마련이다. 잘할 때는 상관없지만 잘못했을 때 무조건 징계하는 것이 좋을까? 일벌백계가 반드시 좋은 선택일 수는 없는 일이다.

세종은 조선 역사상 가장 영민한 군주였고 조선을 안정된 국가로 만든 훌륭한 리더였다. 그러나 조선 최고의 과학자 장영실과 관련한 그의 선택은 아쉬움을 남긴다. 당시 조선의 과학계를 이끌던 창조적 인물인 장영실을 밀어낸 선택은 아무리 생각해도 잘못된 것이다.

조선의 레오나르도 다빈치, 조선의 갈릴레오 갈릴레이라고 불러도 손색이 없는 장영실은 임금이 탈 가마를 잘못 만든 감독의 책임으로 역사의 뒤안길로 갑자기 사라졌다. 이로 인해 조선의 과학기술은 결과적으로 수백 년간 답보 상태에 머물고 말았다.

조선의 과학을 이끈 장영실

세종은 출생이 미천한 장영실을 곁에 두고 아꼈다. 세종이 황희와 맹사성 등에게 한 말을 보자.

"자격루(물시계)를 만들었는데 비록 내 가르침을 받아서 했지만, 이 사람이 아니면 만들지 못했을 것이다. 내가 들으니 원나라 순제(順帝) 때 저절로 치는 물시계가 있었다 하나, 만듦새의 정교함이 아마도 장영실의 정밀함에는 미치지 못했을 것이다. 만대에 이어 전할 기물을 능히 만들었으니 그 공이 작지 아니하므로 호군(護軍)의 관직을 더해 주고자 한다."

세종은 장영실이 매우 기특하고 예뻤던 모양이다. 그 후 장영실은 정4품 호군의 벼슬을 받는다. 노비 출신이 정4품 관직에 오른 것은 지금으로 말하자면 9급 공무원 시험을 준비하던 수험생이 정부 부처의 국장급이 된 것과 같다.

이렇게 두터운 임금의 사랑과 후원에 힘입어 장영실은 한반도 역사에 길이 남을 과학적 업적을 남긴다. 1441년 세계 최초의 우량계인 측우기와 수표(水標)를 발명하여 하천의 범람을 미리 알 수 있게 했고, 자동으로 시간을 알려주는 물시계인 자격루를 한국 최초로 만들었다. 이런 뛰어난 실력 이면에 그의 집안이 고려 때부터 과학기술 분야의 고위직을 역임했다고 주장하는 역사 연구가도 있다.

개혁적 리더십의 대명사인 세종은 장영실에게 윤사웅, 최천구와 함께 중국으로 유학을 가게 해준다. 당시 세계의 중심인 중국을 보고 온 장영실은 더욱 빛을 발했다.

세종은 1423년 특명을 내려 장영실을 면천시킨다. 조선에서 면천은 곧 자유를 의미한다. 양반 사대부의 반열에 들어갔으니 그야말로 단숨에 신데렐라가 된 셈이었다. 이때부터 신이 난 장영실은 호랑이가 날개를 단 격으로 과학기술 개발에 매진하기 시작했다.

각종 천문의 제작과 금속활자 갑인자(甲寅字) 주조를 지휘했으며 다양한 해시계, 주야(晝夜) 겸용의 일성정시의(日星定時儀)와 태양의 고도와 출몰을 측정하는 규표, 자격루의 일종인 흠경각의 옥루(玉漏)를 제작했다. 조선의 갈릴레오 갈릴레이, 조선의 레오나르도 다빈치라는 말이 어울리는 놀라운 기술 업적이었다.

그는 관료로서 남다른 역량을 발휘하기도 했다. 경상도에 파견되어 채방별감의 자격으로 구리와 철의 채광 및 제련을 감독하며 과학과 산업의 기반을 조성하는 데 기여했던 것이다. 당시 문신 출신의 관료라면 생각하기 어려운 부분까지 꼼꼼하게 챙겼다는 기록도 남아 있다.

무엇보다도 세계 최초로 우량계를 만들고 수표를 발명하여 하천의 범람을 예견하게 하는 놀라운 성취를 이뤘다. 홍수나 가뭄은 천재지변이지만, 이를 대비하는 것은 군주의 일이었다. 중세에는 비가 많이 와도 임금 탓, 가물어도 임금 탓이었다. 장영실은 세종에게 치수와 수방대책을 준비할 기회를 마련해 주었으니 그 공로가 결코 작지 않았다. 하천의 범람은 도성 안의 백성에게도 큰 재앙이었으니 수표는 홍수로 인한 인재를 예방하는 중요한 사회적 자본시설이었다. 이렇게 다양한 성취를 이룬 장영실은 상호군(정3품 무관직)으로 특진되었다. 그러나 호사다마(好事多魔)라고 했던가. 승승장구하던 장영실에게 위기가 닥친다.

한 번의 실패, 허망한 퇴장

　　　　　1442년 조선 조정은 세종의 고질병을 치료하기 위해 이천으로 온천욕을 떠나려고 수레를 새로 만들었다. 그런데 장영실이 감독하고 제작한 왕의 수레가 타보기도 전에 부서지는 불상사가 일어나고 만다. 그가 직접 제작한 것이 아니었으나 감독상의 실수였다.

공장 안에서 수레를 시험했다면 그냥 넘어갈 일이었지만, 아마도 궁궐 안에서 누군가를 태우고 시범적으로 군사들 앞에서 수레의 위용을 자랑하는 자리였던 것 같다. 많은 사람이 보는 앞에서 수레가 부서졌으니 만든 이를 문책해야 한다는 이야기가 나왔다. 장영실은 그 책임으로 곤장 100대를 맞아야 했으나 세종의 배려로 80대를 맞고 파직된다. 80대면 중형이었으나 조선 초기 장형은 가는 작대기로 때리는 형벌이어서 죽음은 면할 수 있었다. 그런데 장영실에 관한 실록의 기록은 여기까지다. 그 후 그의 행적은 기록으로 전혀 남아 있지 않다.

여기서 궁금한 것은 세종의 태도다. 장영실을 싫어하는 신하들을 애써 물리쳐가며 그렇게 곁에 두고 아꼈던 그가 수레 사건 이후로는 왜 한 번도 부르지 않은 것일까? 토사구팽처럼 용도 폐기한 것일까? 갑자기 미워진 것일까? 역사의 기록이 없으니 답답할 뿐이다. 그러나 분명한 사실은 장영실을 폐한 것은 신하들의 주청 때문이었고 결정을 내린 이가 바로 세종이었다는 점이다.

세종이 장영실을 불경죄라는 죄목으로 갑자기 내친 것은 이유가 될 수 없다. 나는 지금까지 나온 여러 주장보다 세종의 깊은 신뢰에 장영실이 역사 속으로 사라진 비밀이 숨어 있다고 본다. 세종은 수레 하나 제작하는 일의 감독을 잘못했다고 장형을 100대씩이나 치게 하자는 신하들의 위세로 봐서 잘못하면 장영실의 목숨이 파리 목숨이 될 수 있다고 내다본 것 같다. 그래서 일부러 그를 파직하여 궁에서 떠나게 했다고 생각한다. 그를 계속 곁에 두었다간 장영실을 다른 신하들이 모함하여 역모죄로 고변할 가능성도 있다고 봤는지 모르겠다.

조선은 왕의 명령 하나로 사람이 살고 죽는 일이 허다했던 시절이다. 세종이 장영실을 지키려고 마음만 먹었다면 못 지킬 일은 아니었을 것이다. 하지만 어떤 이유에선지 세종은 장영실과 관련해서는 특별한 조치를 취하지 않았다. 궁정의 상황이나 대신들과의 관계 때문에 그런 선택을 하지 않았을지도 모른다. 어쨌거나 조선 역사에서 장영실이 퇴장함으로써 조선의 과학기술은 수백 년 후퇴하게 되었다. 그가 사라진 이후에 나온 조선의 과학기술이란 고작 그가 해놓은 것을 수정하거나 발전시킨 정도에 불과했다. 그를 넘어서는 수준의 과학 발전은 더 이상 이뤄지지 않았다.

그동안 장영실이 이뤄낸 업적이 있으므로 수레 사건을 없었던 일로 하겠다고 왕이 선택했거나 앞으로 더 많은 업적을 낼 가능성이 있는 인물을 간단히 벌하는 정도에서 마무리하자는 쪽으로 신하들의 의견이 모아졌더라면 조선의 과학기술은 더욱 발전하여 국가를 강하게 하는 원동력이 되었을 것이다.

뒤에 벌어질 일을 내다보는 리더

일을 그르친 사람을 보면 울화통이 터지는 게 당연하다. 특히 아랫사람이 잘못했을 때라면 욕을 한 바탕 해도 모자를 것이다. 하지만 뛰어난 리더는 화를 내기에 앞서 뒤에 벌어질 일을 생각한다. 이미 벌어진 실수를 어떻게 대처해야 피해가 확대되지 않을지, 혹시 그것이 또 다른 발전의 계기가 될 가능성은 없는지 등을 고민하기 때문이다.

만일 세종이 장영실을 한 번 더 감싸주고 그의 잘못을 질타하는 신하들을 잘 타일렀다면 지금 우리나라 과학기술이 더욱 발전했을 것이라는 역사적 교훈을 잊지 말자. 내치기는 쉬워도 다시 키우려면 많은 시간이 필요하다. 어쩌면 영영 그와 같은 사람을 키우지도, 찾지도 못할 수 있다.

부하직원을 징계하기에 앞서 전후 상황을 보고 고민하면서 무조건 내치는 것보다 적절한 징계로 다시 한 번 기회를 주는 것이 올바른 선택인지 진지하게 생각할 필요가 있다.

16

조선의 물류를 포기한 하륜
반대가 있다고 바로 포기하지 마라

자신의 의견에 대해, 제안에 대해 주변에서 반대가 심하면 꼬리를 내리기 마련이다. 하지만 그렇게만 하면 우리는 이룰 수 있는 것이 없다. 반대하는 사람들과의 합의점을 찾는 노력이 필요하다. 하륜처럼 조선 경제에 큰 변화를 만들 수 있었던 기회를 스스로 포기하지 말자.

조선은 동아시아 삼국뿐 아니라 당대 서양의 여러 나라와 비교해도 결코 뒤처지지 않을 우수한 인재가 많았고 학문 수준이 높았으며 드높은 정신문화를 보유하고 있었다. 또한 하나의 국가로서 조직과 시스템 면에서도 결코 뒤지지 않을 정도의 수준이 있었다. 그런데 조선으로부터 선진문물을 전수받던 일본에 의해 망하고 만다. 조선은 왜 강국이 될 수 없었을까?

역사학자들이 조선 멸망의 가장 큰 이유로 꼽는 것 가운데 하나가 최악의 경제상황이었다. 백성의 먹을거리 문제를 해결해주지 못하는 정부는 존재 가치가 없는 법이다. 조선의 지도층은 경제정책에서 낙제점을 면할 수 없는데, 그중에서도 물류(物流)의 실패가 가장 큰 요인이라고 생각한다.

물류는 흐름이다. 그 흐름에는 화폐, 잉여생산물, 조세 물품의 저장과 운송 그리고 전쟁물자의 유통과 저장 등이 포함된다. 몸 안에 피가 원활하게 흘러야 건강한 것처럼 한 국가도 각 지역의 생산품이 활발하게 이동을 해야 경제가 발전할 수 있다. 그런데 생각해보면 조선 역사에서 물류라고 부를 만한 경제 시스템이 있기나 했던가?

물론 조선의 조정도 물류에 관심을 가진 적이 있었다. 태종 때 왕권강화의 기틀을 다지는 데 공헌한 문신 하륜이 그러했다. 그는 저화(楮貨)를 발행하여 재정의 확충을 도모하고 조세와 경제의 개혁을 주도하는 한편 신문고를 설치하여 백성의 의견을 수렴할 수 있도록 꾀하기도 했던 인물이다.

하륜, 물류에 눈을 뜨다

명나라를 방문한 하륜은 물류의 흐름을 가장 인상 깊게 본다. 명나라 수도로 몰려드는 엄청난 물류의 현장을 보면서 감탄을 금치 못한다.

운하에 넘쳐나는 화물선과 큰 도로를 가득 메운 운반용 수레들을 보면서 이것이 바로 명나라의 경쟁력이라고 확신한다. 또한 조선이 더욱 발전하기 위해서는 지금의 물류를 개혁해야 한다는 사실을 깨닫는다.

하륜이 본 명나라 물류의 원천은 수나라로 거슬러 올라간다. 서기 605년부터 610년까지 수나라는 역사상 최대의 토목사업을 벌였다. 바로 남쪽 항저우와 베이징을 잇는 대운하 개척 사업이었다. 인공수로만 2000킬로미터에 달하는 대공사를 감행한 뒤 수나라는 백성의 불만과 고구려 원정 실패 등 여러 요인이 맞물려 결국 무너지고 만다. 하지만 이때 개척한 대운하 덕분에 물류가 사통팔달로 트이게 되어 이후 중국은 괄목할 만한 경제성장을 이루어낸다.

하륜은 명나라를 보면서 물류의 중요성을 파악했다. 그는 조선으로 돌아와 태종에게 충청도 순제 안흥량에 운하를 파자는 거대한 계획을 제안한다. 지형의 높낮음에 따라 제방을 쌓고 물을 가둬 제방마다 작은 배를 운용하게 하겠다는 내용이었다. 이곳은 지금의 태안반도로 고려 때 운하 조성을 시도했다가 실패한 전례가 있었다.

하륜은 조운선이 포구(浦口)에 닿으면 작은 배를 동원하여 짐을 옮겨 싣고 둑까지 옮긴 다음 다시 둑 안에 있는 작은 배로 옮겨 실으면 안전하게 운반할 수 있다는 구체적인 아이디어까지 내놓았다. 이는 중국에서 보고 들은 바를 우리 식으로 변용한 아이디어였다. 당시 호남지방에서 쌀과 피륙을 싣고 올라오는 조운선이 이곳에서 침몰하는 일이 잦았기에 하륜은 이 문제를 해결하면

勝勝패敗의 기로에서 선택選擇을 말하다

국가 경제가 성장하리라고 보았다.

안흥량 위쪽부터 남단 영목항에 이르는 태안 앞바다는 태조 때부터 세조 때까지 조운선 200여 척이 침몰하고 쌀 1만 8,000여 섬이 가라앉았으며 수장된 사람이 1,200명이 넘는다는 기록이 있을 정도로 죽음의 바다였다. 침몰된 세금 물량을 맞추기 위해 백성이 또다시 수탈을 당하는 일도 비일비재했다.

하륜의 계획은 의미가 있었으나 해당 지세가 암반으로 되어 있어 뚫기가 어렵다는 반대에 부딪혀 발의 자체가 성립되지 못한다. 그러자 하륜은 또 다른 계획을 내놓는다. 숭례문부터 한강까지 운하를 파서 선박을 수도 한가운데까지 끌어들이겠다는 실로 획기적인 내용이었다. 이를 위해 경기도의 군인 1만 명, 수도의 대장(隊長)·부대장 400명, 군기감(軍器監)의 별군(別軍) 600명 등 모두 1만 1,000명을 징발하여 양어지(養魚池)를 파고 숭례문 밖에 운하를 만들어 선박을 통행하게 하자는 구체적인 운하 계획도 제안했다.

태종은 운하를 팠다가 물이 땅으로 다 스며들어 백성만 고생한 꼴이 될까 우려했다. 또한 집권 초기에 대형 공사를 벌였다가 민심을 읽을까 싶어 하륜의 제안을 거절한다. 수나라가 망한 전철을 밟고 싶지 않았던 것이다.

아쉬운 하륜의 포기

하륜은 조선의 제도와 법질서, 행정의 체계적 운영을 실현한 전형적인 기획자였다. 그러면서도 풍수와 치수(治水, 수리 시설을 잘하여 홍수나 가뭄의 피해를 막음)의 대가로, 자연을 사람에게 이롭게 다룰 줄 아는 현명한 책사였다.

하륜의 아이디어가 큰 업적으로 된 것 중 하나가 바로 청계천이다. 수년 전에 광화문에 홍수가 나서 사람들을 당황하게 만든 적이 있었다. 도심 한가운데서 홍수가 나리라는 생각을 해본 사람은 거의 없었기 때문이다. 사실 광화문 홍수는 어제오늘 일이 아니었다.

조선 개국 이전부터 개국 이후까지 여름에 장맛비가 내리면 인왕산, 북한산에서 내려온 빗물이 홍수가 되는 일이 빈번했다. 게다가 수도를 개성에서 한양으로 옮겨오면서 궁궐과 민가가 크게 늘어나고 도로변에서 물길이 합쳐져 한데 몰리는 바람에 경복궁 앞까지 물이 차올랐다.

『태종실록』을 보면 태종 즉위 7년 7월 초에 큰 비가 내려 서울 도심의 개천이 모두 넘쳤다고 기록되어 있다. 당시에는 물길이 넘치는 것도 가뭄으로 고생하는 것도 모두 군주의 탓으로 여기던 시기였다. 그래서 치수는 곧 왕권의 상징이었고 필수불가결한 사

　　　　　　　　　　승勝패敗의 기로에서 선택選擇을 말하다

역이었다.

태종의 고민을 해결해 준 사람이 바로 하륜이었다. 평소에는 물이 별로 없지만 비가 오면 넘쳐나는 광화문 아래 개천을 준설하여 운하로 만들자고 제안한 것이다.

태종은 공사로 인한 집권 초기의 부담을 고민하다가 과감하게 시행하라고 명했다. 왕명으로 개천도감을 설치하고 비교적 풍년이 든 경상도, 전라도에서 군사를 동원해 개천 바닥을 깊이 판 다음 둑방을 돌로 쌓으며 홍수에 대비한 수방책을 세웠다. 이것이 바로 청계천이었다.

장의동(藏義洞) 어귀부터 종묘동(宗廟洞) 어구까지, 문소전(文昭殿)과 창덕궁(昌德宮)의 문 앞을 모두 돌로 쌓고, 종묘동 어귀로부터 수구문(水口門)까지는 나무로 방축(防築)을 만들었다. 대소광통(大小廣通)과 혜정(惠政) 및 정선방(貞善坊) 동구(洞口) 그리고 신화방(神化坊) 동구 등의 다리를 만드는 데는 모두 돌을 쓰는 대규모 토목 사업 끝에 청계천이 완성되었다. 1412년 2월 15일의 일이었다.

동원된 군사만 5만 2,800명이었고 공사 기간 중에 죽은 자는 64명이나 되었다. 오늘의 청계천은 그때 비로소 시작된 것이니 600년 인고의 세월을 간직한 역사의 증인이다. 여기에 수표를 세우고 물길을 측량함으로써 치수를 잘 다스려 조선 초기의 정국을 안정시키는 데 도움이 된 것은 사실이었다.

이후 명나라의 물류를 배워서 운하 도입 등을 조선에 적용시키려고 애를 썼다. 그러나 그는 본격적인 개혁을 제대로 시작하기 전에 태종의 만류로 뜻을 펴지 못한다.

아마 하륜의 성격도 크게 영향을 끼쳤을 것이다. 하륜은 고려 말에 감찰규정(감찰어사의 다른 이름)이 되자마자 당시 집권자였던 신돈의 문객 가운데 양전부사의 비행을 보고 탄핵한 적이 있었다. 그로 인해 파직되었다가 간신히 복직했지만 이후 최영의 요동 공격을 반대하다 추방되기도 했다.

소위 튀다가 봉변을 두 번이나 당한 하륜은 매사에 신중하고 평생을 몸조심하며 살게 되었다. 아무리 좋은 계책과 경제개혁의 아이디어를 가졌어도 몸가짐이 이처럼 신중하였으니 아직 경제가 뭔지도 모르던 사대부들을 상대로 일을 제대로 풀어나갈 수 없었던 것이다. 위에서 반대를 하니 예전 경험도 있고 해서 자신의 주장을 빨리 거둬들인 것일지도 모를 일이다. 태조 때 정·재계에 막강한 영향력을 행사한 정도전처럼 추진했다면 조선의 경제는 초기부터 확실히 많이 달라졌을 것이다.

하륜이 제안한 운하 계획은 200년 후 대동법의 선구자 김육에 의해 일부 준설되니 결코 불가능한 일은 아니라는 것이 입증되었다. 그렇기에 하륜의 좌절이 너무 아쉽다(하륜이 제안했던 운하가 지금의 4대강 사업과 비교되거나 비화될까 염려스러운데 필자가 이야기하는 운하는 조선에 한정된 것임을 밝혀둔다).

반대할수록 귀를 열어라

조직의 리더나 구성원의 입장에서는 현대 사회의 불확실성으로 인해 선택의 순간마다 고민을 많이 한다. 특히 주변의 반대가 심하면 자신의 생각이 제대로 된 것이라고 해도 잘못된 것으로 생각하게 되는 경우가 많다.

하륜은 반대가 강하자 설득을 할 생각보다 바로 자신의 의견을 접었다. 하지만 반대한다고 바로 포기해버리면 그 어떤 것도 할 수 없다.

반대에 부딪힐 때 반대를 무시한다면, 또는 반대에 휘둘린다면 아무것도 할 수 없다. 자신의 의견에 반대한다고 불쾌해하거나 무시하지 말고 왜 반대 의견이 나왔는지에 대해 고민하고 그 의견을 경청하는 자세를 취해야 한다. 그러면서 자신의 의견에서 수정할 내용이 없는지 다시 한 번 찾아봐야 한다. 그런 다음 반대를 하는 사람들과 적극적인 논의를 통해 합의점을 찾아야 한다. 만일 반대가 지속될 경우 과감하게 물러서서 다음 기회를 기다리는 지혜를 발휘할 필요가 있다.

17

파국의 씨앗, 정순왕후를 맞은 영조
파트너의 뒷모습까지 살펴라

사람을 만나 일을 하다 보면 상대방과 잘못된 관계로 자신까지 피해를 보는 경우가 있다. 그것은 상대방과 파트너 관계를 맺을 때 지금의 모습, 지금의 상황만을 기준으로 삼은 결과이다.

영조는 조선 르네상스의 주역으로 현명하고 리더십이 강한 군주로 널리 알려져 있다. 그렇게 뛰어났던 영조도 단 한 번의 잘못된 선택으로 정국을 혼란에 빠트리고 만다. 예순여섯의 나이에 열다섯 살짜리 신부를 맞아들인 사건으로, 겉보기로는 문제가 없어 보이는 결혼이었으나 조선 중후기의 정치 판도를 뒤흔드는 심각한 문제로 이어지고 만다.

쉰한 살 어린 신부

영조는 정성왕후가 사망하자 2년 뒤 계비로 김한구의 딸 김 씨(후일 정순왕후)를 왕비로 맞아들인다. 나이가 무려 쉰한 살이나 차이가 났다. 말도 안 되는 이 혼사의 배경에는 외척과 이들을 견제하려는 영조의 보이지 않는 힘의 대결이 있었다.

승勝패敗의 기로에서 선택選擇을 말하다

예부터 임금이 혼인을 앞두면 정파 간의 물밑 힘겨루기가 피를 튀긴다고 할 정도로 치열하게 전개되었다. 국혼(國婚)은 동서남북의 정파 간 전쟁이었다. 누가 어떤 아름다운 처녀를 임금에게 들이밀어 왕비를 만들어내는가에 따라 다음 정치의 주인이 어느 정파인가를 가늠할 정도였다.

외척들은 인조반정 이후 서인 출신의 왕비를 간택하게 하여 정치적 후원자로 권력을 키워온 경험이 있었다. 이를 견제하고자 숙종이 남인 출신의 장희빈을 선택하는 바람에 서인과 남인은 치열한 외척끼리의 정쟁(政爭)을 치르기도 했다. 이를 잘 알고 있던 영조는 일부러 정치적 색깔이 두드러지지 않은 가문의 딸을 고른다. 김한구는 학문적으로는 알려진 이였으나 그의 가문에서는 관직에 일찍이 진출한 자가 거의 없어 중앙 정계의 시야에서 벗어나 있었다.

그런데 영조는 손녀나 마찬가지였던 정순왕후를 맞아들여 유난히 예뻐했다. 17년간이나 곁에 두고 사랑했으며 심지어 죽은 후에도 정비인 정성왕후 곁으로 가지 않았다. 왕실은 정순왕후가 죽자 영조 곁에 같이 묻어주었다. 과연 영조는 왜 이렇게 어린 계비를 맞아들였던 걸까? 태조 이성계가 계비 강 씨를 들이는 바람에 아들 이방원과 피비린내 나는 골육상쟁을 벌인 역사의 교훈을 잊어버렸던 것일까?

착하고 순해 보이기만 하던 정순왕후는 영조 생전과 정조 사후, 두 번의 큰 정치적 사건에 개입한다. 그녀는 어리고 예쁜 고양이가 아니라 무서운 호랑이라 불릴 만큼 야심이 있었고 정치적 욕망도 커서 외척 정쟁에 아주 깊이 관여했다.

역사를 거꾸로 돌리다

파국의 씨앗은 이미 아들 사도세자와 정순왕후 사이에서 벌어지고 있었다. 정순왕후는 사도세자나 며느리 혜경궁 홍 씨보다 열 살이나 어렸기에 위계를 중시하는 유교 사회의 근간이 왕실에서부터 흔들려 버린 것이었다.

정순왕후가 왕실에 들어온 지 2년 후인 1761년에 기가 막힌 사건이 일어난다. 영조가 사도세자를 뒤주 속에 감금하여 굶겨 죽이는 전대미문의 비극적 사건이 발생한 것이다. 여러 가지 원인 중에 정순왕후가 사도세자의 비밀스러운 평양행을 영조에게 일러바쳤기 때문이라는 설도 있다. 정순왕후와 관련된 소문이 있어도 그녀를 손볼 사람은 이미 궁 안에 없었다.

이후 영조가 노령으로 혼미할 때 손자인 정조가 임금으로 올라서지 못하도록 정순왕후는 온갖 술수를 부렸다. 심지어 자객을 보내 정조를 암살하려고 했으나 정조가 늦게까지 책을 읽는 바람에 천장에 올라가 있던 자객의 암살기도가 들통 나는 일도 있었다. 한바탕 회오리가 불면서 정순왕후가 그 배경이었음이 밝혀졌지만 왕실 최고의 어른을 어떻게 할 수가 없어서 그냥 수족만 잘라내고 넘어가 버렸다.

정조는 영조의 뒤를 이어 조선 중후기 르네상스를 이끌어낸 최고의 현군이었지만 아까운 나이로 급사하고 만다. 정조의 죽음에 정순왕후와 그의 추종세력이 깊이 개입했다는 주장이 제기되었지만 아무도 정순왕후를 건드릴 수 없었다. 이후 그녀는 순조가 어리다는 핑계로 수렴정치에 들어가 무소불위의 권력을 휘둘렀다. 정조의 모든 정치적 업적을 묻어버리고 수구적 행태를 보여 정조의 개혁정치를 예전으로 되돌려놓았다. 역사학자들은 이때 조선의 정치가 50년 이상 후퇴했다는 이야기를 하곤 한다.

정순왕후는 3년 반 정도 수렴정치를 했는데 탕평정치의 근본을 훼손하고 천주교를 탄압했으며 정약용 같은 우수한 인재를 축출한 다음 자신의 친인척을 끌어들여 노론 벽파의 힘을 키웠다. 이른바 세도정치였다. 이로써 조선 정가는 외척이 발호하는 시대를 맞게 된다. 안동 김씨, 풍양 조씨 등의 외척 폐해를 낳는 단초를 제공했기 때문이었다. 왕실에선 정조가 아끼던 은언군을 제거하고 집안 자체를 풍비박산 냈으며 정조의 측근은 모조리 제거했다. 무소불위의 권력을 휘두르던 정순왕후는 예순을 앞두고 갑자기 죽음을 맞는다. 열다섯에 궁에 들어와 예순까지 45년간 그녀가 남긴 정치적 폐해는 결코 적지 않았다. 영조의 단 한 번의 잘못된 선택이 이 많은 정치 퇴행의 원인이 되었다는 점은 후대의 정치가들에게 시사하는 바가 실로 크다.

좋은 선택은 협력관계 이후에 드러난다

중요한 일을 하거나 사업을 할 때는 파트너를 잘 만나야 한다. 여기서 파트너는 거래처이거나 납품처 또는 동업자일 수도 있다. 최첨단 시대에 아무리 시스템이 잘되어 있다 해도 그것을 운영하는 사람이 나쁘면 아무런 소용이 없다. 사람이 중요하기 때문에 조직에서 새로 사람을 뽑을 때나 다른 곳에서 스카우트를 할 때 담당자는 엄청난 스트레스를 받기 마련이다. 좋지 않은 심성의 소유자가 미꾸라지처럼 물을 흐려놓지 않을까 해서 말이다.

파트너를 고를 때는 결정권자라 할지라도 독단적으로 결정하지 말아야 한다. 자신만의 생각에 갇혀 다른 사람이 염려하는 부분을 미처 보지 못하고 큰 실수를 저지를 수 있기 때문이다. 만일 영조가 외척을 경계했더라도 배우자를 맞이하기 전에 여론을 경청했다면 과연 그토록 어린 정순왕후가 궁에 들어올 수 있었을까? 반대 의견이 있을 때 주변을 살피고 다시 한 번 고민해본다면 잘못된 선택을 할 가능성을 낮출 수 있다.

영조는 왕의 외척이 되려는 욕심을 품은 신하들이 군주는 혼자 사는 게 아니라며 결혼을 강요하자 그 속내를 간파하고서 권력에 욕심이 없어 보이는 한미한 가문의 딸을 선택한다. 일단 결혼만 하면 '더 이상 신하들이 결혼 문제로 시끄럽게 떠들지 않겠지'라고 생각하면서 말이다. 결혼만 하면 지금처럼 신하들이 시끄럽게 하지 않을 거라는 생각에 정작 가장 중요한 결혼 상대방의 인성, 결혼 후 발생할 수 있는 여러 가지 상황과 문제점 등은 제대로 살피지 못했다. 고개를 푹 숙이고 얌전하게 앉아 있던 여인이 세상을 주물럭거리는 치맛바람 권력의 주인공이 될 줄은 짐작도 못한 것이다. 결과적으로 권력과는 인연이 없어 보였던 사람이 제일 권력에 욕심을 내는 사람이 될 줄이야.

결혼 전후 영조는 새로운 파트너와 어떻게 협력관계를 맺어야 하는지 신경을 쓰지 않았던 것이 분명하다. 결혼하기 전에 배우자의 품성을 살폈다면 어땠을까 하는 아쉬움이 남는다.

우리는 새로운 파트너와 관계를 형성할 때 어떻게 시너지를 낼 수 있는지에 대해 고민하고 한번 맺은 인연이 향후 좋은 결과로 이어질 수 있도록 함께 노력해야 한다. 물론 향후 미래를 예측하는 것은 어렵다. 하지만 파트너의 과거와 현재를 잘 살피면 어느 정도 예측할 수 있다.

자신만의 생각에 갇혀 신하들의 의견을 잘 살피지 않고 행한 결혼으로 왕궁에 풍파를 일으킨 영조의 잘못된 선택은 앞으로 수많은 파트너를 만날 우리에게 하나의 반면교사(反面教師)가 되고도 남을 것이다.

18

조선의 개혁을 좌초시킨
왕과 신하의 힘겨루기

참모의 충언에 귀를 기울여라

사람은 위로 올라갈수록 듣고 싶은 말만 듣고 싶어 한다. 보기 좋은 음식이 먹기에 좋듯이 듣기 좋은 말도 기분을 좋게 해주기 때문이다. 하지만 듣고 싶은 말만 좇는다면 어느 새 '선택의 실패'가 당신의 문 앞에 기다리고 있을 것이다.

중종은 처음에는 물 만난 고기처럼 조광조를 아꼈다. 똑똑한 그를 통해 왕권을 강화하고 싶어 했다. 하지만 중종이 정치적 동지로 생각했던 조광조는 점점 혼탁해지는 조선 조정의 지도자 집단을 바로잡아야 한다고 생각했다. 중종반정(中宗反正) 세력이 조정을 흔들며 왕권을 위협할 때 조광조는 중종 편에서 공신과 반정 세력을 바로잡으려고 애썼다. 이렇게 힘을 쓴 데는 교육을 통해 아직 연약한 군주의 리더십을 바꿔가려는 열정이 있었기 때문이었다.

안타깝게도 시간이 흐르면서 개혁의 주도권을 둘러싸고 두 사람 사이가 조금씩 벌어지기 시작했다. 중종은 서둘러대는 조광조가 귀찮아진 것이다. 참모가 왕에게 너무 간섭한다고 여기더니 결국 끊임없이 개혁을 외쳐대는 조광조를 내쫓는다. 소심한 군주 중종과 성급한 개혁자 조광조의 불화로 조선의 개혁은 좌초되고 말았다.

승勝패敗의 기로에서 선택選擇을 말하다

개혁에 지친 왕

"임금 노릇 정말 못 해먹겠다!"

그 당시 중종의 속내를 들여다볼 수 있다면 아마도 이런 소리를 들었을 것이 분명하다. 그만큼 조광조는 쉴 새 없이 중종을 몰아붙였다. 종일 격무에 시달린 임금을 '야강'이라는 이름으로 밤늦도록 과외로 공부를 시키기까지 했다.

사간(司諫)들이 밤낮없이 들고 일어나 공신들을 견제하고 상소를 해대는가 하면 임금의 권위를 무시하는 것처럼 군주를 사사건건 가르치려 들었다. 중종으로서는 못 견딜 일이었다. 그런데 때마침 위훈삭제사건(僞勳削除事件)이 벌어진다.

조광조와 사림이 중종반정을 업고 부당하게 공신에 책봉된 사람이 너무 많으니 이들의 위훈삭제를 요구하는 상소를 올린 것이다. 공적이 없는 사람들이 공훈(功勳)을 너무 많이 받은 점을 개혁하자는 내용이었다. 중종도 거만한 공신 세력을 축출하고 싶었지만, 그 자리를 조광조와 사림이 대신하고 있다고 보았다. 조광조가 요구한 개혁이 맞는 일이긴 하지만 그 조치가 지나치게 과격했고 사림의 요구가 도를 넘어서고 있다고 느꼈다. 호랑이가 빠지고 나니 여우가 그 자리를 차지해 자신을 위협한다고 생각한 것이다. 하지만 딱히 기회를 잡지 못한 중종은 조광조의 기세에

눌려 이를 허락하게 된다.

정국공신 가운데 76명의 명단이 삭제되자 공신들이 일제히 조광조를 탄핵하라고 들고 일어났다. 이 소동 중에 대궐 안에 '주초위왕(走肖爲王)'이라는 글씨가 새겨진 나뭇잎 소문이 나돌기 시작했다. '주(走)'와 '초(肖)'를 합하면 '조(趙)'가 되니, 앞으로 조씨가 왕이 된다는 뜻이었다. 이는 조광조가 왕위찬탈의 야심을 품고 있다는 말도 안 되는 모함으로 조광조를 견제하려는 실로 엉성한 작전이었다. 나뭇잎은 곧 중종에게 전달되었고 그는 이번 기회에 조광조에게 본때를 보여야 한다고 생각했다. 그동안 공신의 힘이 약해져 이제 자신이 정국을 주도할 힘이 있다고 판단한 것이다.

중종은 위훈삭제에 대해 기존 대신들이 크게 반발하는 상황을 조광조 축출의 기회로 삼았다. 남의 힘을 빌려 귀찮고 집요한 조광조 일파를 쳐내겠다는 속셈이었다. 1519년 11월 15일 밤, 중종은 결국 대신들을 앞세워 자신이 그동안 신뢰하던 조광조와 사림들을 잡아들였다. 이때까지만 해도 사림들은 중종이 조광조에게 사약을 내릴 줄은 전혀 짐작하지 못했다. 그러나 중종은 물밑에서 조광조의 사사(賜死) 작업을 조용히 진행해 은밀하게 사약을 내린다. 이 사건을 두고 실록은 다음과 같이 기록했다.

승勝패敗의 기로에서 선택選擇을 말하다

사신은 논한다. 당시의 언론으로서는 정해진 의논이 있어 이의가 없었으나, 혹 평번(平反)하자는 논의가 있고 심정의 무리도 더욱 심하게 하지는 않을 뜻을 보여 가혹한 의논이 없을 듯했는데 아부하는 자들이 위의 뜻을 맞추려고 팔을 걷어붙이고 나서서 날마다 새로운 의논을 내어 반드시 조광조를 죽이고야 말게 하였다.

처음엔 조광조를 죽일 뜻이 없었다는 얘기다. 평번이란 되풀이 신문으로 공정한 판결을 내리는 것을 말한다. 이를 보면 조광조를 미워하여 거세하겠다고 일어난 무리조차 그를 죽이려는 의도는 없었던 것이다. 그런데 뜻밖에 임금이 그를 죽일 뜻을 보이자 장단을 맞춰 아예 제거해버리게 되었다고 기록하고 있다.

█사적 감정과 대의를 구분 못 한 군주

중근대사에서 군주는 한 나라의 통치자이자 어버이와 같은 존재였다. 유교와 성리학을 바탕으로 한 조선 초기의 제왕적 위상은 중종반정으로 크게 훼손되었다. 왕조 초기의 막강하던 임금의 권세는 사라지고 반정 공신이 조정에 득세하여 신권(臣權)이 왕권을 넘어서던 불안한 시기였다.

이 시기에 중종반정이라는 쿠데타를 업고 어부지리로 왕위에 오른 중종은 반정 공신의 위협이 달갑지만은 않았을 것이다. 등극한 지 일주일 만에 조강지처 왕비 신 씨를 내쳐야 했던 그였다. 중종반정을 성공시킨 쿠데타 세력은 연산군에 충성했던 좌의정 신수근의 딸이 왕비로 있으면 언젠가는 자신들을 베갯머리송사(잠자리에서 아내가 남편에게 바라는 바를 속삭이며 청하는 일)로 죽일 것으로 생각하여 아직 왕권을 제대로 인식하지 못하던 중종을 몰아붙여 부인을 내치게 했다.

어지러운 정세 가운데 중종에게는 자신과 대를 이을 아들의 안전이 시급한 과제였다. 그 절묘한 순간에 강직하여 결코 물러서지 않으며 도덕심과 대의명분으로 무장한 조광조가 조정에 들어왔다. 이 두 사람의 만남은 공신 세력과 정치적 충돌로 이어지게 되었다. 중종은 공공연히 조광조 편을 들며 공신 세력의 약화를 주도했다. 그러나 개혁이 진척되자 두 사람은 동상이몽의 처지가 되었고 점차 그 간극이 벌어졌다.

문제는 다분히 조광조의 책임일 수도 있다. 그는 중종의 인간성을 너무 몰랐던 것이다. 중종은 어릴 적부터 불만을 내재한 인물이었다. 연산군 치하에서 언제 목숨이 달아날까 두려워하며 공

승勝패敗의 기로에서 선택選擇을 말하다

포 속에 살았다. 분노를 억누르며 살았기에 한번 속에 있는 울분이 터져 나오면 타협할 줄을 몰랐다. 조광조는 이런 중종의 품성과 속내를 읽지 못하고 국왕을 명분으로 꺾으려고만 들었기에 개혁의 끝을 보지 못한 것이다.

참모는 아무리 뛰어나다고 해도 자신의 자리를 넘어가지 말아야 한다. '세 번 간하여 듣지 않으면 물러난다'는 참모의 격언을 조광조는 잊었던 것이다. 하지만 역사적으로는 최고경영자인 중종의 책임을 더 크게 묻지 않을 수 없다. 왕조의 역사란 결국 모든 일의 책임을 군주가 져야 하기 때문이다. 중종은 사사로운 감정을 다스리지 못하고 백성을 위한 큰 개혁을 사소한 앙갚음으로 밀어내는 패착을 보였다. 조광조가 죽고 난 후에 마전군수 박세무는 다음의 상소문을 올린다.

멀리 있는 신이 무슨 듣고 본 것이 있겠습니까마는, 삼가 세상 사람들의 말을 들어보건대 전하께서 즉위하신 처음에는 정신을 가다듬어 다스리기를 도모하여 지극한 다스림을 이루셨다 합니다. 그런데 세월이 이미 오래 되면서는 점차로 처음만 같지 못하시어 궁중이 엄숙하지 못하고 청탁이 퍼지게 되므로 진출을 노리는 사람들과 구금되어 있

는 무리들이 연줄을 대어 드나들며 마침내 저희들의 욕심
을 이루게 되니 온 세상이 모두 그러합니다.

중종의 책임을 크게 나무라는 상소였다. 중종은 이런 글을 보고
속이 쓰렸을 것이다. 개혁으로 시작한 정치를 보수로 되돌린 것
만 해도 잘못된 일인데 중종은 사사로운 이익을 좇던 집단을 복
권해 조선 정치를 한참이나 후퇴시키는 과오를 저질렀다. 중종은
조광조를 지지하며 처음엔 개혁의 뜻을 모았으나 시간이 흐르면
서 충돌하게 되었고 기묘8현이라는 우수한 인재를 축출해버려 조
선의 조정을 구태의연한 보수적 정치 형태와 썩어져 가는 구태의
연한 조직으로 되돌리고 말았다.

실패한 리더십의 유형을 분석한 학술논문을 보면 리더십의 실
패는 그 리더가 이끌던 집단이나 조직에도 크나큰 손실과 피해를
초래할 수 있다고 한다.

중종은 자신이 왕권을 되찾은 힘 있는 군주라고 생각했을지도
모른다. 초창기 공신들 앞에 벌벌 떨던 모습에 비하면 큰 발전을
이뤄냈으니 말이다. 하지만 그것은 엄청난 착각이었다. 당상관
들을 모아 놓은 조정회의에서는 그가 헤게모니를 쥐고 승리했을
지 모르나 백성을 이끌어야 하는 일국의 군주로서는 실패했기 때

문이다. 잘못된 선택으로 중종은 조광조가 백성을 위해 시도했던 수많은 개혁 작업을 역사 속으로 사라지게 하는 과오를 저지르고 말았다.

귀에 거슬리는 충언을 따르라

유능한 참모는 귀에 거슬리는 말을 많이 한다. 리더가 올바른 선택을 내리지 못하고 있을 때나 마음이 흔들리고 있을 때 참모는 바른길로 안내하는 사람이다. 리더가 충고에 귀를 기울이지 않으면 어느새 그의 주위에는 간신과 아부꾼만 판치게 된다.

나는 이름만 대면 누구나 아는 기업을 하나 알고 있다. 처음에는 사회에 기부도 많이 하고 나름대로 좋은 성과를 내어 사람들은 그 기업에 좋은 이미지를 갖고 있었다. 그런데 지금 그 기업의 내부를 들여다보면 아부꾼만 남았다. 바른 소리를 하는 참모를 다 내쫓고 사장의 친구와 인척들로 채워놓았기 때문이다. 이런저런 인연으로 그 회사를 위해 경영상의 충고를 해준 적이 몇 번 있다. 진심으로 충고하며 감사보고서를 써주자 경영진 중 한 사람이 사장을 대신해 내게 악담을 퍼부었다. 더 이상 할 말이 없어

손을 뗄 수밖에 없었다. 얼마 전에 듣기로는 경영이 무척 어려워졌다고 한다.

역사는 우리에게 어떤 선택을 하든 독단적으로 하지 말고, 자신을 아끼고 조직을 아끼는 참모의 충언에 귀를 기울이라고 가르친다. 충언은 많으면 많을수록 좋다. 듣고 싶은 말만 듣지 말고 열린 마음으로 자신의 뜻에 반대하는 의견까지 수렴해야 한다. 그럴 때 좀 더 객관적인 입장과 기준으로 최대한 효과적이고 현실적이면서 되도록 실패하지 않는 선택을 할 수 있는 법이다. 귀를 열어놓지 않으면 실패가 기다릴 뿐이다.

19

조선의 개화를 앞당길 수 있었던
벨테브레와 하멜의 표착

변화의 흐름을 거스르지 말고 익숙함을 버려라

지금까지 해보지 않은 새로운 시도, 지금까지 경험해보지 못한 새로운 방법을 선택해야 할 때 사람들 대부분은 주저하기 마련이다. 익숙하지 않은 것에 대한 두려움 때문이다. 그러나 하루가 다르게 변하는 세상에서 살아남으려면 그 두려움을 떨쳐내야만 한다. 익숙한 모든 것을 버려야 새 것이 보인다.

네덜란드 사람인 얀 얀스 벨테브레(이하 벨테브레)는 1627년 조선에 표착(漂着)한 최초의 서양인이었다. 그는 우여곡절 끝에 조선에 귀화한 후 자신의 이름을 박연으로 바꿨다. 그로부터 26년 뒤 같은 네덜란드 사람 하멜이 36명의 선원과 함께 제주도에 표류한다.

　　벨테브레와 하멜의 표착은 조선을 쇄국에서 개방으로 이끌 수 있는 절호의 기회였다. 당시 네덜란드는 해상왕국이라고 부를 만큼 전 세계의 바다를 제패하던 선진강국이었다. 만일 인조나 효종이 벨테브레와 하멜의 석방과 본국으로의 귀국을 둘러싸고 조선과 네덜란드 양국의 당국자 회담을 열었다면 조선은 개국과 개화를 이룰 수 있지 않았을까? 그렇게 되면 자연스럽게 선진국의 문물을 받아들이면서 조선은 좀 더 발전하고 강한 나라가 되었을 것이다. 그러나 인조와 효종은 이런 역사적인 순리를 따르지 않았다.

조선으로 귀화한 네덜란드인

네덜란드인들은 인도의 상선 등에서 일한 경험이 있어 항해 경험이 풍부했고 동양의 바닷길이 그리 낯설지 않았다. 1620년대 네덜란드의 인도네시아 식민지 총독은 대규모 원정대를 조직하고 원정 대장 레이얼슨에게 중국 해안을 따라가면서 한반도까지 가보라는 명령을 시달했으나 실현되지는 못했다. 장거리 해운사업이라고는 하지만 원정대의 항로가 늘 순탄하지만은 않았기 때문이다.

그러던 중에 네덜란드의 동인도회사 소속 홀란디아호에서 선원으로 일하던 총명한 사내인 벨테브레는 1627년(인조 5년)에 두 명의 동료와 함께 제주도에 표착했다. 도착이 아니라 표착이라는 말을 쓴 까닭은 그가 자의로 제주도에 온 게 아니기 때문이다. 어떤 목적인지 명확하지는 않지만 벨테브레는 1627년 우베르케르크호로 바꿔 타고 일본 나가사키를 향해 항해하던 중 물결에 휩쓸려 떠돌다 제주도에 닿았다. 그와 함께 드리크 하이스베르츠, 얀 피터스 베르바스트로가 식수를 구하려고 상륙했다가 관헌에게 붙잡혀 서울로 호송되었다고 기록되어 있다.

과연 식수를 구하기 위해서였는지는 분명하지 않다. 포로로 잡혔다가 제주도에 던져졌다는 설, 선박에서 불의의 사고로 어쩔 수 없이 내렸다는 설 등이 난무해 그들의 정확한 운항 목적은 자세히 알 수가 없다. 통상적인 네덜란드 동인도회사 선박의 운항 사례를 볼 때 우베르케르크호도 일본과 네덜란드 간의 국제무역을 위해 왕래하다가 뭔지 모를 불의의 사고를 당하여 표착하게 된 것으로 추측하고 있을 뿐이다.

그들이 어떻게 제주도로 왔는지는 그리 중요하지 않다. 조선은 이른 시기에 강대국이 될 기회를 맞았으나 결과적으로 이를 국익으로 반영하지 못했다는 사실이 중요하다. 태종 이후 지속된 쇄국정책인 이른바 해금(海禁)정책 때문이었다. 조선은 어부든 관료든 누구라도 사사로이 바다로 나가는 것을 철저히 막았을 뿐 아니라 들어오는 자들도 엄격하게 관리해 외국인의 경우는 모두 북경으로 호송했다. 스스로 주체적인 외교권을 포기한 셈이었다.

조선 중기 이후 먼 바다로 출어라도 나가면 법령을 어긴 범법자가 될 정도였으니 삼면이 바다로 둘러싸인 나라가 해양국가로서의 광대한 가능성을 스스로 포기하고 있는 실정이었다. 조선의 개항을 방해한 일본의 음모도 한몫했다. 대마도 영주는 조선과 일본의 무역에 네덜란드가 끼어드는 상황을 우려하여 조선과의 무역을 허락하지 않았다. 물론 네덜란드도 좋은 무역 상대인 일본의 비위를 거스를 생각은 없었을 것이다.

조선을 제외한 일본, 대만, 중국의 항구들은 이미 네덜란드나 포르투갈 같은 해양 강국과 교류하는 상태였기에 한반도 남부 해안은 서구 열강의 중요한 무역로가 되고 있었다. 조선은 앞바다를 다른 나라에 다 내주고도 명나라에 의지하는 해금정책으로 세계적 해양 무역의 흐름에서 고립을 자처하고 있었다.

벨테브레는 임진년에 이르러 항왜(降倭)의 향도(嚮導)가 되었고 조선을 위해 홍이포(紅夷砲)를 제작할 정도로 협력을 아끼지 않았다는 기록이 남아 있다. 항왜란 항복하거나 귀화한 외국인, 특히 일본인을 지칭하는 것으로 이들을 별도의 용병부대로 활용했는데 벨테브레는 이 부대를 관리하는 책임자인 향도로 일했다. 홍이포는 정묘호란과 병자호란에서 위력을 발휘한 서양대포이다. 조선이 청나라와의 전쟁에서 진 가장 큰 이유 중 하나가 바로 대포였다. 당시 조선이 보유한 가장 큰 천자총통(天字銃筒)은 평균 길이 1.3미터, 무게 700근, 사거리 900보였지만 청군이 보유한 홍이포는 길이 2미터, 무게 3,000근, 사거리 4~8킬로미터에 달하는 막강한 무기였다.

효종은 북벌정책을 추구하면서 벨테브레를 홍이포 제작에 투입해 청나라를 이길 계획을 세웠다. 그리고는 그의 재능을 비밀에 부쳐 본국으로의 귀국을 허락하지 않았다. 하지만 효종은 북벌의 뜻도, 네덜란드와의 통상도 이루지 못했다. 서양에서 온 사나이는 고국으로 돌아가고 싶어 했으나 끝내 그 뜻을 이루지 못했다. 벨테브레의 귀화 소식은 역사 속에 묻힐 뻔했으나 그의 동포인 하멜의 표류로 인해 세상에 알려지게 된다.

하멜은 1653년 6월 14일 네덜란드 동인도회사 소속 선박 스페르웨르호를 타고 인도네시아 자바를 출발하여 7월 16일 대만을 거쳐 일본 나가사키를 향해 출항했으나 태풍에 휩쓸려 표류했다. 그해 8월 15일 새벽 1시경 제주도 남쪽에 난파한 선원 64명 가운데 생존자는 36명이었다. 그 속에 하멜이 끼어 있었다. 이들을 상대로 대정 현감이 문답조사를 진행했으나 말이 통하지 않자 서울에 통역사를 요청하니 두 달 뒤 고급 무관 복장을 한 관리가 내려왔다. 그가 바로 벨테브레였다. 그는 하멜 일행을 심문하다가 동포임을 확인하자 반가워하였으나 하멜 일행의 본국 송환 요구에 대해서는 반대하고 오히려 귀화를 종용했다.

하멜은 이를 이상하게 여겼으나 조선 조정의 쇄국정책을 익히 알고 있던 벨테브레는 이들을 곱게 타일러 훈련도감 소속 군인으로 배속케 하고 삶을 돌봐주었다. 무려 10여 년간 귀국을 포기하고 지내던 하멜은 어느 날 감시가 소홀한 틈을 타서 일행과 함께 배 한 척을 구해 일본 나가사키로 탈출한다. 조선의 고급 무관이면서 이들을 늘 챙겨주었던 벨테브레가 몰랐을 리 없다는 얘기도 있다. 그가 뒤를 봐주지 않고서는 탈출이 불가능했을 것이라는 이야기다. 자신은 주목받는 무과 출신으로 탈출이 어려우니 하멜만은 돌려보내 자신의 처지를 알리고 싶었을지도 모를 일이다.

어쨌든 이 극적인 탈출이 성공하여 하멜은 1년간 일본에서 조사를 받은 후 본국으로 돌아갔다. 1667년 12월 28일의 일이었다. 64명의 선원 가운데 8명이 근 14년 만에 귀환하자 네덜란드 전역이 떠들썩했다.

하멜의 표류로 세계에 알려진 조선의 존재

이 모든 일은 하멜이 밀린 봉급을 정산하고자 조선에서의 표류기를 기록하면서 밝혀졌다. 이 기록은 책으로도 엮어 당시 유럽에서 베스트셀러가 되었다. 동방의 작은 나라 조선이 처음으로 세계에 알려지는 계기가 되었다.

역사가들은 이때야말로 조선이 세계의 바다를 누비던 서구의 강국 네덜란드와 개항할 절호의 기회였다고 말한다. 표류한 이들을 환대하고 본국으로 귀향시켰더라면 그 보답으로 네덜란드와 무역을 할 수 있었을 것이고, 그러면 조선의 위상은 크게 달라졌을 것이라는 지적이다. 실제로 대만과 일본에 동인도회사 지부를 둔 네덜란드로서도 조선과의 교류가 큰 도움이 되었을 터였다.

그 당시 일본은 나가사키에 인공섬 데지마 상관을 설치하고 서구의 문물을 받아들이되 지킬 것은 지키는 실리외교를 진행 중이었다. 선진문물을 앞서 받아들인 일본과 조선은 이미 격차가 벌어지고 있었다. 그 결과 훗날 정조 때에 일본이 조선통신사 일행을 더 이상 받아들이지 않겠노라고 하여 되돌아오는 진풍경이 벌어지기도 한다.

인조는 떠밀려 군주가 된 반정의 특혜자로서 왕정을 주도하지 못하고 늘 목소리가 큰 사람에 맞춰 결정한 인물이었다. 그런 그에게 벨테브레의 표착은 오히려 골칫거리였을 것이다. 당시 조선의 외교는 이웃나라인 명나라와 여진족, 일본과 유구(오키나와의 옛 이름)와 이뤄지는 물품 교역과 인적 교류가 대부분이었다. 조선은 건국 초부터 명나라에 대해 사대정책을 취하고 모든 공식 무역의 중심을 명나라로 국한하고 있었다. 결과적으로 조선이 쇄국정책을 공개적으로 표명하지 않았어도 사실상 명나라에 의존한 국제무역이 대부분이었고, 나머지는 국방의 필요상 어쩔 수 없이 진행하는 무역이 대부분이었다. 즉, 돈을 벌기 위한 무역이 아니라 변방의 안정을 위한 무역이었던 셈이다.

조선이 명나라와의 관계에 의존하다 보니 외교의 통로나 무역 행위도 사대주의를 벗어나지 못했다. 게다가 임진왜란과 정유재란을 겪으며 명나라 군대의 도움을 받은 조선으로서는 명나라를 넘어선 국제관계를 생각할 수 없는 상황으로 고착되어 있었다. 그런 와중에 국제 정세가 급변하면서 명나라가 쇠퇴하고 청나라가 들어섰다. 사실 청나라는 조선이 오랑캐라고 깔보던 북방 야만족이었으나 인조는 반정으로 군주가 되어 신하들의 눈치를 살피기에 바빴다. 인조는 스스로 바닷길에 빗장을 채우고 명나라 또는 청나라만을 소통의 매개로 삼았으니 당대의 군주는 물론이고 처음 이를 결정한 이성계를 비롯한 조선 수뇌부도 실로 어리석은 일이었다.

하지만 벨테브레가 조선 땅에 들어온 뒤로 조선 조정의 기류가 변하게 된다. 정묘호란과 병자호란을 겪은 뒤 효종은 북벌정책을 대대적으로 준비하기 시작했다. 하지만 안타깝게도 당시 조선의 지도층은 국제 정세를 잘 살피지 못한 채 청나라와 일전을 준비했다. 명분을 앞세운 반청 마인드가 정조 때까지 조정을 지배할 만큼 조선은 폐쇄적이었다. 명나라가 망한 지 130여 년이 지났으나 조선은 청나라를 중심으로 움직이는 국제 동향을 외면한 채 여전히 청을 오랑캐로 여기며 대명 사대주의에서 벗어나지 못했다.

박지원은 『열하일기』에서 이런 조선의 우물 안 개구리 정책을 신랄하게 비판한다. 그는 "세계를 넓게 보려고 한다면 모든 것을 포용해야 한다"며 조정의 열린 자세를 촉구했다. 하지만 조선은 문호를 열지 않았다. 이 때문에 조선에 적지 않게 도착하는 표류민을 모두 청나라의 눈치를 보며 처리하는 관행에서 벗어나지 못했다.

국제간 교류는 인적, 물적 자원의 교류에서 시작되기 마련이다. 그런데 이 중심에 중국이 버티고 있고 남쪽으로는 일본이 해상무역을 독점하는 바람에 조선은 명나라, 청나라, 일본을 거치는 이중, 삼중의 간접무역 형태를 취할 수밖에 없었다. 이 같은 폐쇄적인 국제 정책으로 인해 근대화의 물결을 타지 못하고 벨테브레와 하멜을 통해 서구 열강에 문호를 개방할 기회가 있었으나 이를 놓쳐버린 것은 큰 실수이자 패착이었음이 분명하다.

변화를 거부하거나 두려워하지 마라

삼성경제연구소가 경영실패의 주범으로 꼽는 큰 이유 중 하나가 타성(Inertia)이다. 이를 경영적인 입장에서 보면 '현재의 경영 상태에 만족한 나머지 새로운 시장이나

승勝패敗의 기로에서 선택選擇을 말하다

경쟁자의 부상 가능성을 간과함으로써 위기를 자초하는 것'을 말한다.

1974년에 일어난 일본 원자력선 무쓰 사건은 잘못된 결정에 안주하는 타성이 경영에 얼마나 치명적인 독소가 되는지를 잘 보여준다. 원자력은 대단히 유용한 자원이지만 잘못 다루면 치명적 독약이 된다. 옛 소련의 체르노빌 원전 사고로부터 2011년 후쿠시마 원전 사태가 이를 잘 드러내 준다.

일본은 원자력선 사업을 위해 1963년에 사업단을 발족하고 거창한 사업계획을 내놓았다. 처음 꿈은 원자력으로 운항하는 화물선을 제작하여 경비를 줄이고 획기적인 물류사업으로 발전시켜 나가겠다는 것이었다. 그러나 사업은 전혀 순조롭지 않았다. 비슷한 시기에 이 사업을 같이 시작했지만 일찌감치 접은 나라도 있었다. 그런데 일본 사회는 관료적인 사회가 아니던가. 2~3년만 일하면 부서가 바뀌기도 하고 승진하거나 전출을 가서 전혀 다른 일을 하는 것이 공무원들이다 보니 전임자가 하던 일을 그냥 끌고 가는 무사안일주의가 팽배해 있었다.

원자력선의 선체 제작을 3년 후에 완성하고 2년 뒤에 핵연료를 장착한다는 계획이었는데 시험운영 중에 방사선 유출 경보가 울리는 사고가 났다. 지역 주민의 항의가 거세지고 반대를 위한 시민위원회가 조직될 정도였지만 일본은 관련 법을 연장하면서까지 이 사업을 계속 추진한다. 1992년에 가서야 원자력선 실험이 종료되었는데 개발비만 무려 1조 2,000억 원이라는 천문학적인 비용이 투입되었다. 결과는 실패였다.

그런데 당시 일본 공무원들은 누구도 이 사업의 미래를 염려하지 않았다. 그 일이 중요한지 아닌지를 따지지 않고 과거에 했던 일처럼 하면 된다는 안일함이 큰 실패를 낳았다. 우리 역사에서 인조나 효종도 그랬다. 한 나라를 이끄는 리더라면 세상의 변화, 생각의 변화를 주시하고 고민해야 하는데 그들은 새로운 패러다임에 적응하는 것을 귀찮아했다. 그 결과 조선은 진취적 해양국가가 될 기회를 잡지 못한 채 은둔했고 급기야 훗날 망국의 길을 걸어야 했다.

새로운 변화가 두렵고 귀찮은가? 지금까지 해오던 방식으로 편하게 살고 싶은가? 제2의 인조, 효종이 되고 싶다면 그렇게 해도 좋다. 그러나 하루가 다르게 급변하는 세상에 살고 있는 우리는 과감히 익숙한 것과 결별하는 단호한 자세가 필요하다. 현재의 손쉬운 선택이 훗날 발전할 계기를 막는 방해물이 될지 모르기 때문이다.

20

근대화의 타이밍을 놓친 비극의 풍운아, 박규수

내 편을 늘려가며 적절한 기회를 포착하라

지금이야말로 절호의 기회라고 생각하는가? 두 번 다시 오지 않을 기회라고 생각하는가? 그때야말로 감정을 진정시키고 주변의 상황을 다시 한 번 냉철하게 살필 시기다. 주변의 상황이 자신의 뜻대로 움직일 수 있는 분위기인지를 확인해야 하는 것이다.

일본 근대화의 아버지가 후쿠자와 유키치라면 조선에는 박규수가 있었다. 박규수가 30년 정도 먼저 출생했지만 두 사람의 인생 궤적은 한일 양국의 개화를 이끈 중심인물이라는 점에서 재미있는 시사점을 보여준다.

역사를 모르는 사람은 한 개인이 개화나 개국과 같은 큰일에 얼마나 영향을 미칠 수 있을지 의아하게 생각하겠지만 그건 몰라서 하는 소리다. 지도자 한 사람이 어떤 선택을 하는가는 조직이나 기업 뿐만 아니라 한 나라가 나아가는 데도 절대적인 영향을 미치기 때문이다.

박규수는 연암 박지원의 손자인데 김옥균, 박영효, 유길준 등 기라성 같은 개화파 인재를 길러내고 조선 근대화의 시동을 걸었던 인물로 조선 개국의 첨단에 서 있었다. 그러나 그는 개국의 타이밍을 제대로 맞추지 못했고 조선은 일본보다 늦은 개국으로 훗날 일본의 식민지가 되고 말았다.

승勝패敗의 기로에서 선택選擇을 말하다

개화의 필요성을 실감하다

1866년 7월 11일, 평안도 관찰사였던 박규수는 놀라운 보고를 접한다. 대포 2문으로 중무장한 미국 상선 제너럴셔먼호가 각종 물품을 싣고 중국 천진에서 대동강으로 무단 침입했다는 내용이었다.

처음에는 선교사 토머스가 국적을 소개하고 상거래를 위해 온 것이라며 교역을 제안했다. 기독교 전파와 조선 개항이 그들의 속내였지만 쇄국정책을 고수한 조선의 관료 박규수는 이양선의 내항과 통상 요구를 거절하고 즉시 출국하라고 요구했다. 그러나 제너럴셔먼호가 만경대 한사정에까지 올라오면서 이를 제지하던 중군(中軍) 이현익을 붙잡아 가는 바람에 평양성 관민이 격분하여 대치 상황이 벌어졌다. 제너럴셔먼호는 총과 대포로, 군민(郡民)은 돌팔매와 활 그리고 소총으로 맞섰다. 대동강의 수위가 낮아져 배가 모래톱에 멈추자 이 사건은 일파만파로 확대된다.

화가 난 조선 사람들이 제너럴셔먼호 주위로 몰려가자 긴장하고 초조해진 선원들이 총과 대포를 쏘며 저항했는데 이 과정에서 사망 7명, 부상 5명의 인명피해가 발생했다. 이에 박규수가 화공(火攻)으로 제너럴셔먼호를 불태운 결과 선원과 선교사를 포함하여 23명 전원이 죽었다. 이 사건은 뒷날 최초의 한미 간 전쟁인 신미양요(辛未洋擾)의 원인이 된다.

1871년 미국은 사상자 보상과 정부 사과를 빌미로 군대를 앞세워 개화를 요구한다. 이때 조선의 지도층이 미국이라는 나라의 실체를 파악하고 그들과의 개항을 수락했더라면 역사는 또 다른 방향으로 흐르게 되었을지도 모른다. 그러나 조선은 미국의 경제력과 문물을 과소평가하고 말았다. 아니, 그보다는 뭐가 뭔지 전혀 몰랐다는 말이 더 적합할 것이다.

제너럴셔먼호가 상선이었기 망정이지 정식 군함에 병력 수천 명만 나타났어도 조선은 꼼짝없이 항복할 상황이었다. 신미양요에서 미군을 물리친 기쁨과 자신감으로 쇄국에 박차를 가하던 조선 조정이나 대원군과 달리 박규수는 제너럴셔먼호 사건 때부터 심각한 고민에 빠져 있었다.

대원군의 윤허를 받은 박규수는 불타버린 제너럴셔먼호를 분해해서 낱낱이 살펴본다. 이때 철골구조와 동력원이 되는 기계설비, 조타실의 운항장치, 갑판의 중요 설비, 기계실의 증기선 장치, 앞뒤 상판의 무기 등을 건져 올린다. 박규수는 각종 설비를 하나씩 살피다가 깜짝 놀랐다. 당시 조선에선 구경해본 적도 없는 현대식 무기 때문이었다. 대포 2문, 소포 2문, 대포 탄환 3개, 철정 2개, 대소 철연환줄 162파, 서양철 1,300근, 장철 1,250근, 잡

승勝패敗의 기로에서 선택選擇을 말하다

철 2,145근에 이르는 무기류만으로도 미국 문물의 발전을 짐작하고도 남았다. 조선으로선 꿈도 꿀 수 없는 설비와 무기였다. 더구나 어떻게 다루는 것인지조차 알 수 없는 무기 설비류도 많았다.

박규수는 대동강으로 올라온 제너럴셔면호 같은 증기철선을 만들고 싶다는 욕심이 생겼다. 그 정도 배를 만들 수만 있다면 국익에 도움이 되는 것은 물론 전쟁에서 크게 유용할 것이 분명했기 때문이었다. 그는 셔면호의 자재를 기초로 조선의 기술자들과 더불어 조선 최초의 철선 제작에 나섰다. 거북선이 철선이라고 주장하는 사람들도 있지만 엄격히 말해 거북선은 철갑을 판옥선에 씌운 목선에 불과하다.

조선은 그동안 한 번도 철선을 만든 적이 없었다. 기술자들은 증기선의 원리를 본떠서 철선을 제조하는 것을 1차 목표로 증기기관을 석탄이 아닌 목탄으로 운용하는 증기선을 만들기로 했다. 기술자들이 참고한 것은 박규수가 보낸 제너럴셔면호의 부속 잔해와 관련 책이었다. 그중에는 제임스 와트의 증기기관 도해와 증기선 제조방법 등을 수록한 책도 있었다. 하지만 경험이 전무한 탓에 장님이 코끼리를 만지는 격이었다. 증기선을 움직이는 에너지원과 설비 원리를 기술적으로 이해할 수 있는 조선인은 아무도 없었다. 결국 증기선 제작은 참담한 실패로 끝나고 만다.

박규수의 실패는 곧 대원군의 실패이기도 했다. 정확한 기초 공학적 지식과 기반이 조성되지 않은 채 시작한 증기선 개발 사업은 한계를 보일 수밖에 없었다. 이 일로 박규수는 조선 기술 수준의 한계를 절감하고 서양을 이기기 위해 그들과 교류해야 한다는 사실을 깊이 인식하게 되었다. 조선의 개화 및 개국에 대한 절박감이 생겼다.

개화의 시동을 건 박규수

사실 박규수는 서구 문물에 관한 한 조선 내 누구보다도 자세히 아는 위치에 있었다. 당시 조선이 흠모하던 청나라도 서구 열강의 위협 아래 있기는 마찬가지였다. 청나라는 1856년 애로호 사건 이후 영국과 프랑스의 공격을 받아 청나라의 함풍 황제가 피난을 떠날 정도였다. 이에 조선은 청국의 사정과 서구 열강의 위협을 파악하기 위해 문안사를 파견했는데 이때 박규수가 가게 된다.

박규수는 청나라에서 반 년을 보내면서 제너럴셔먼호 사건이 발생하기 전 서구 열강의 위협을 충분히 파악할 수 있었다. 마음만 먹으면 서구의 선박 몇 척으로도 조선은 결딴날 상황이라고 확신했다. 그의 조부 박지원은 80년 전에 열하로 떠나는 사신단에 동참하고 돌아와 『열하일기』를 펴냈다. 조선 문물의 폐쇄성을 실감했던 박지원이었기에 『열하일기』 처음부터 끝까지에서 조선을 우물 안 개구리로 여긴 그의 답답한 심정이 여실히 배어 나온다. 할아버지가 쓴 『열하일기』를 어릴 때부터 탐독한 박규수가 아니던가. 그는 조부의 깨달음을 체감했다.

그는 중국과 세계정세의 흐름을 살펴보고 중국인들과의 교류를 통해 지식의 폭을 크게 넓혔다. 그러던 차에 제너럴셔먼호 사건이 터지자 더 이상 대원군의 쇄국으로는 나라를 지키기 어렵다는 판단을 내린다. 1872년 12월 청나라를 다시 여행하고 돌아왔을 때 그는 고종 앞에서 개화를 주장한다. "최근 중국이 서양의 대포를 모방해 제조하면서 강국으로 거듭나고 있습니다."

조선도 문호를 열고 선진 문물을 받아들여서 대포 등을 만들어 강국으로 나아가야 한다는 제안이었다. 하지만 개화파가 된 그의 이야기를 조정은 받아들이지 않았고 대원군과의 대립도 격화되었다.

박규수의 개화론이 실패로 돌아가는 이유를 여기서 파악할 수 있다. 아직 준비되지 않은 조정을 급하게 밀어붙였다는 점이다. 설득의 과정도 부족했고 여러 대신을 자신의 편으로 끌어들이려는 노력도 부족했다. 천재라고 평가받던 그는 다른 사람들의 동조를 기다리기보다는 따라오라고 하는 분위기를 조성했다.

수백 년간 내려온 전통을 한순간에 바꾸기란 매우 어렵다. 그런데 박규수는 급한 마음에 다른 사람들의 상황을 고려하지 않고 밀어붙이는 실수를 범했다. 큰 틀을 바꾸고자 할수록 자신의 뜻에 동조하는 세력을 만들어야 하는 법이거늘 그는 자기주장을 펼치는 데 급급했다.

그러는 사이 일본의 통상 요구가 들어왔다. 일본을 왜국으로 우습게 여기던 신하들이 반대와 찬성을 거듭하는 사이에 힘으로 밀어붙인 일본의 압력으로 운요호 사건이 터져 결국 불평등한 강화도 조약을 체결하게 되었다. 조정 내에서 힘을 잃은 박규수는 밖에서 안타까운 소식을 접하고 걱정과 분함으로 병석에 누워 급기야 사직서를 내고 만다. 돌아보면 박규수가 개화를 시도한 타이밍도 늦었음을 알 수 있다. 조정을 흔들 힘이 있을 때 개화를 시도했어야 했는데 그때는 그도 대원군처럼 쇄국주의자였다.

청나라에서 다양한 경험을 하고 자극을 받고 난 뒤에는 성급하게 행동할 게 아니라 자신과 같은 생각을 하는 사대부들을 규합해 힘을 축척하는 과정이 필요했다. 한 나라의 정책 틀을 180도 바꾸는 일에 대해 너무 안일하게 생각했던 것은 아닌가 싶다.

관직에서 물러난 박규수는 자택에 사랑방 개화수업을 열었다. 현재 헌법재판소의 구내 한쪽 자리가 박규수의 집터다. 그의 사랑방에서 똑똑하고 개혁적 성향을 가진 양반집 자제들인 김옥균, 홍영식, 서광범, 박영효, 김윤식, 유길준 등이 모여 개화론과 관련한 수업을 들었다. 일본에서 후쿠자와 유키치가 개화를 이야기하기 조금 전의 일이었다. 일본의 신지식인을 길러냈던 그보다도 박규수의 행보가 더 빨랐으나 거기까지였다.

1877년 12월 27일, 그는 그토록 고대하던 제자들의 개화운동을 보지 못하고 은퇴 2년 만에 세상을 떠났다. 조선의 개화가 움틀 준비도 안 된 상태에서 그의 죽음은 조선의 불운이기도 했다.

박규수 그리고 후쿠자와 유키치

여기서 잠깐 후쿠자와 유키치에 대해 좀 더 자세히 알면 박규수와 비교가 가능할 것이다. 박규수가 30년 정도 먼저 출생했지만 두 사람의 인생 궤적은 한일 양국의 개화를 이끈 중심인물이라는 점에서 재미있는 시사점을 보여준다.

후쿠자와 유키치는 일본의 계몽가이자 교육가로 에도(현재의 도쿄)에 네덜란드 어학교인 난학숙(蘭學塾)을 열었고 동인으로 활약하며 실학과 부국강병을 강조해 서구식 자본주의 발달의 사상적 근거를 마련했다는 평가를 받고 있다. 정부의 초빙도 거절하고 밖에서 정신 개조와 도덕성 향상 등을 주장하여 근대 일본의 정신적인 지주로 자리매김했다. 그가 세운 게이오 대학교는 명문 사학으로 발전했으며 지금도 그의 연구회가 있을 정도다.

반면 박규수가 시작했던 사랑방 교육은 흔적도 남아 있지 않다. 김옥균 등 제자들이 친일파로 몰려 처형당하고 나라가 식민지가 되지 않았다면 후쿠자와 유키치를 능가할 수도 있었을 것이다. 그러나 그는 조정 안에서 활동하는 정치인이자 관료로만 있었기에 그의 사상과 철학은 조정 안에서만 머무를 수밖에 없었다. 게다가 은퇴 후 그의 생애도 너무 짧았다. 그와 조선의 불운이었다.

두 사람에게는 사상적인 차이도 있었다. 박규수도 교육과 사상을 통해 국민 개조에 나섰지만 조정 안에서 군주봉건제의 가치관을 버리지 못한 미완의 개화를 꿈꾼 반면 후쿠자와 유키치는 민본사상을 기치로 사회 전반의 개혁을 내걸었던 큰 차이점이 있었다. 즉, 당시 시대상으로 봤을 때 박규수의 인식 변화는 대단한 것이었지만 군주를 배제하고 민중 위주의 사상과 철학을 구현하기에는 한계가 있었다.

조정이라는 조직 안에 너무 깊숙이 들어가는 바람에 시대의 변화를 제대로 파악하는데 시간이 걸린 박규수와 밖에서 세상을 본 후쿠자와 유키치의 상황 차이가 한 나라는 식민지가 되고 한 나라는 지배자가 되는 차이를 낳는데 일조했다고 본다. 시간이 흘러 일본의 후쿠자와 유키치는 엔화 1만 엔짜리에 얼굴이 남았다. 그러나 박규수를 기억하고 있는 국민들이 얼마나 될까?

▍성공으로 가는 선택의 타이밍

모든 일에는 타이밍이 중요하다. 휴대전화의 영원한 강자일 줄 알았던 노키아, 전자제품의 영원한 강자일 줄 알았던 소니도 변화의 타이밍을 놓쳐 우리의 기억 속에서 점점 사라지고 있다. 기업이든 개인이든 타이밍을 잡지 못하면 성공의 확률은 낮아진다.

문제는 지금 닥친 상황이 적절한 타이밍인지 아닌지를 파악하기 어렵다는 점이다. 훗날 결과가 좋게 나오면 그때 그 선택이 탁월했다는 식으로, 결과가 나쁘면 그 선택이 잘못되었다는 식으로 평가하는 일이 허다하다. 그러므로 우리는 몸담고 있는 조직에 생길 수 있는 기회의 순간을 예측하고 유사 사례를 분석하는 작업을 사전에 할 필요가 있다. 그래야만 실제로 중요한 선택의 기회가 왔을 때 성급하지 않고 안일하지 않게 판단할 수 있다.

우리 역사도 그랬다. 조선 말기에 정책의 결정권을 쥐고 있던 대원군은 개화에 대한 생각이 없었고 그를 설득하고 군주의 선택에 지대한 영향을 미칠 수 있었던 박규수는 너무 생각이 많아 절절한 타이밍을 놓치고 말았다. 제너럴셔면호 사건을 수습하는 김에 미국과 개화를 의논했어야 했다. 박규수는 조대비의 응원과 고종의 후원이 있었기에 그럴 만한 힘이 있었으나 대원군과 신료들을 설득하지 못했다.

흔히들 대원군 혼자 쇄국정책을 고수한 것처럼 말하지만, 이는 사실이 아니다. 쇄국정책은 조선 초 내지는 조선 중기 이후 지속된 전통이었다. 대원군은 그것을 좀 더 강화한 인물이었을 뿐이다. 대원군에게는 해외의 문물을 보여줄 참모가 부족했고 뭔가 아는 참모들은 입을 다물고 있었으니 안타까울 뿐이다.

변화의 기회를 잡느냐 못 잡느냐는 조직이나 국가의 사활을 결정짓는 중요한 선택이 된다. 오랜 학습과 훈련, 많은 실패를 통해 교훈을 얻는 일이 중요한 까닭은 무엇일까? 결국 결정적인 타이밍을 놓치지 않기 위해서가 아니겠는가? 박규수가 대원군의 키잡이 역할을 제대로 해내지 못한 비극의 풍운아였다는 사실이 못내 아쉬움으로 남는다.

승勝패敗의 기로에서 선택選擇을 말하다

21

질투로 조선을 위기에 빠뜨린 선조
자신의 부족함을 겸허히 인정하라

파도가 거친 바다 위에 배 하나가 있다. 물길을 잘 아는 조타수(배의 키를 조종하는 사람)가 자신의 능력을 최대한 발휘하면서 목적지 항구로 가기 위해 열심히 노력하고 있다. 사람들은 그 조타수 덕분에 배가 안전하게 갈 수 있다고 생각한다. 하지만 선장은 자신보다 사람들의 신망을 받는 조타수가 얄미워 그를 내쫓아 버린다. 과연 배는 어떻게 될까?

임금의 자리에 오른 선조를 보고 신료들은 현명하고 어진 군주가 될 것으로 내다봤다. 그는 어릴 때부터 충과 효를 알고 옳은 일을 선택할 줄 아는 재목이었다.

유성룡은 조선 역사 전체를 통틀어 가장 뛰어난 국난 극복의 리더이자 해결사였다. 그는 임진왜란 중 도성이 함락되고 선조가 의주까지 피신하는 난리 속에서도 중심을 잃지 않고 조선을 위기에서 구해냈다.

동시대를 산 선조와 유성룡은 부창부수(夫唱婦隨)의 관계를 유지해야 했으나 그렇지 못했다. 선조의 몽니(심술을 부리는 성질)와 질투, 보이지 않는 견제로 인해 유성룡은 초라하게 말년을 보내며 생을 마감했다. 그런 와중에도 유성룡은 『징비록』이라는 기록을 남겨 후손이 다시는 이 같은 전란에 휩쓸리지 않기를 간절히 바랐다.

국가에 충성하고 국난을 극복한 영웅을 제대로 대접하기는커녕 축출해버린 선조의 몽니는 손가락질받아 마땅한 일이었다. 선조의 잘못된 선택으로 조선은 일본을 제압할 절호의 기회를 놓치고 말았다. 한배를 탄 동료를 경쟁자로 여긴 선조, 과연 그는 무엇을 잘못한 것일까?

▌난세에는 영웅이 태어난다

선조는 적자로 대를 이은 것이 아니었다. 선조의 아버지 덕흥군은 중종의 서자로 하동부대부인 정 씨 사이에서 낳은 셋째 아들이었다. 순회세자가 13세의 나이로 일찍 세상을 떠나자 명종은 왕세자를 다시 정해야 했다.

어느 날 명종은 왕자들에게 익선관을 써보라고 일렀다. 익선관이란 임금이 평상복으로 갖춰 입고 정무를 볼 때 쓰는 관을 말한다. 왕자들의 품성을 시험할 요량으로 일부러 익선관을 쓰게 한 것이었다. 다른 왕자들은 시시덕거리며 익선관을 쓸 때 하성군은 임금의 관을 어찌 보통사람이 쓰겠느냐며 이를 거절했다. 명종은 이때부터 하성군을 유심히 보기 시작한다.

얼마 후 명종은 왕자들에게 시문을 써보라고 지시한다. 다른 왕자들이 이런저런 잡기를 써 올릴 때 하성군은 '충과 효는 본시 둘이 아니다'라고 써 올려 명종의 감탄을 자아냈다. 『선조실록』을 보면 선조의 치세 때 사림 세력이 대거 중앙 정계에 진출하여 정국의 주도권을 장악하면서 사림정치의 기반을 확립했다고 나온다. 선조가 학문을 숭상하고 사림들을 대우할 줄 알았으며 그들을 주요한 정치기반으로 삼았음을 보여준다. 만약 선조가 통치하던 시절이 전시가 아니었다면 그는 그런대로 명군이라는 평가를 받았을 수도 있다. 그러나 그의 재임 시절 임진왜란이라는 초유의 국란이 발생해 전 국토가 유린당하고 조선과 명의 연합군이 왜군과 전쟁을 벌이는 상황이 발생하면서 그에 대한 평가는 어긋나기 시작한다. 한 나라의 왕으로서 전세를 살피고 지휘하면서 상황을 수습하는 일에 전력을 기울여야 하건만, 그는 적절하게 대처하지 못했다.

선조는 임진왜란이 발발하기 전 일본에서 돌아온 통신사들의 상반된 의견을 듣고서 전쟁이 일어나지 않으리라고 여겨 제대로 대비하지 않았다. 그러다 전쟁이 일어나자 몹시 당황하여 어떻게 해야 할지 몰라 국론이 분열될 때 허둥지둥하기 바빴다. 충신의 의견보다는 간신배의 의견을 좇는 바람에 가뜩이나 혼탁한 정국이 더욱 어지러워졌다. 선조 사후에는 기록된 실록에 간신배 사관들의 의견이 많이 들어가 실록의 진위가 흐려졌다 하여 『선조

실록』을 수정해 새로 써서 『선조수정실록』을 펴내는 희한한 광경이 벌어지기도 했다.

난세에 영웅이 태어난다고 했던가. 역사를 돌아보면 위기 때마다 영웅들이 나라를 지켜내고 위기를 극적으로 수습하곤 했다. 시국이 어수선하던 선조의 시기에도 전쟁을 수습하고 통제하는 영웅이 탄생했으니, 그가 바로 유성룡이었다. 그는 군주와 백성 그리고 나라의 장래를 내다보는 시각의 소유자였다. 판세를 정확히 파악하는 눈을 가졌기에 정쟁과 전쟁의 소용돌이 속에서도 중심을 잡을 수 있었다.

임진왜란이 발발하자 선조를 비롯한 조정 신료 대부분은 도망갈 궁리만 하고 있었다. 선조는 왜군이 서울까지 밀고 올라오자 수도를 버리고 도망치다 의주에서 명나라로 망명을 시도한다. 망명 의사를 전하고 참모들의 의중을 살펴 압록강을 건너려는 참이었다. 이때 선조가 국경을 넘는다면 군주로서 위엄과 체통을 보이기는커녕 성난 백성에게 칼을 맞을지도 모른다고 생각한 유성룡은 침착하고 단호한 목소리로 반대를 표했다.

"안 됩니다. 어가가 우리 국토 밖으로 한 걸음만 떠나면 조선은 영원히 우리 땅이 되지 않습니다."

유성룡의 말이 옳았다. 선조가 명나라로 들어가면 그때부터 조선은 중국과 일본의 전쟁터가 되는 것이고 누가 이기든 조선은 승자의 것이 되고 마는 상황이었다. 군주의 자리에서 내 나라 내 땅을 중국이나 일본에게 내어주자고 하니 선조는 도대체 무슨 생각을 하는 인물이었을까?

이런 점을 잘 알고 있었던 유성룡은 "싸워보기도 전에 도망갈 궁리부터 하면 어떡하는가? 어찌 나라를 버리자고 말하는가? 이 말이 밖으로 퍼지면 인심이 와해될 것이 뻔한데 누가 수습할 수 있겠는가? 아직 우리에게 군사도 있고 의병도 있다"고 주장하면서 끝까지 항전하도록 분위기를 전환한다. 함경도 등 관동과 관북 지역이 아직 그대로 있고 호남 쪽에서 충의를 가진 사람들이 곧 벌떼처럼 일어날 것을 예측한 것이다. 이처럼 유성룡은 전란 속에서도 앞일을 내다보고 큰 그림을 볼 줄 아는 식견을 갖추고 있었다.

부족 투성이었던 전략

임진왜란은 함경도 지역 일부를 제외하고는 전 국토가 일본에 유린당한 치욕의 전쟁으로 나라 경제력의 70퍼센트가 무너진 결과를 가져왔다. 그 당시 조선은 '제승방략'이라는 국방 전략을 갖고 있었다. 제승방략은 지금의 예비군 체제와 비슷한데, 전쟁이 발발하면 각 지역의 군대가 모여 조정에서 내려온 장수의 지휘를 받는 것이다. 의도한 대로만 되었다면 나름 괜찮은 전략이라고 할 수 있는데 현실은 그렇지 못했다. 중앙에서 장수가 도착하기도 전에 지역의 군사들이 모이지 못하거나 도망치는 경우가 허다했다. 이러한 문제점은 임진왜란 초기부터 발생했다.

준비를 제대로 하지 못한 부산이 무너지자 한강으로 올라오는 왜군을 막기 위해 순변사 이일은 중앙 병력을 모아 상주로 내려간다. 상주는 경상도의 마지막 방어진지이자 최후의 보루인 곳이다. 이곳이 무너지면 곧바로 한강이었다. 그러나 중앙에서 모은 병력은 고작 60여 명이었다. 혹시나 하고 내려간 상주의 상황은 더 처참했다. 군사라고는 800여 명뿐이었는데 그것도 대부분 농사꾼들이었다. 도대체 병사들은 어디로 간 것일까? 병사들은 장수가 내려오지 않은 상황에서 왜군이 파죽지세로 밀고 올라온다는 소문에 싸울 생각도 없이 제각기 도망친 것이다.

두려움은 전염병처럼 사람을 무력하게 만든다. 두려움과 방어체제의 붕괴, 이것이 조선이 임진왜란 초기 대응에 실패한 원인이었다.

질투는 내부의 적을 만든다

유성룡은 나라의 위기 상황을 대비하려면 기존의 체제를 뛰어넘는 능력 있는 인재가 하루 빨리 필요하다고 봤다. 또한 신분, 직책에 상관없이 오로지 능력을 기준으로 인재를 뽑아야 한다고 판단했다. 그렇게 하여 선택한 인물이 바로 이순신과 권율이었다.

이순신은 유성룡의 천거로 전라좌수사가 되어 큰 성과를 거뒀으며 하급 무관이었던 권율은 훗날 행주대첩을 승리로 이끈다. 이 두 영웅이 없었더라면 조선의 미래는 어땠을지 생각만 해도 끔찍하다.

유성룡은 제승방략 체제의 문제점을 파악하고 평상시에는 농사를 짓다가 유사시에는 군사 체제로 전환하는 기존의 진관 체제를 정비해 쓰자고 건의했지만 보수적인 세력들이 반대하여 뜻을 이루지 못한다. 하지만 실망하지 않고 천민들이 군문에 들어가 전쟁을 수행하면 면천(免賤)해주는 제도를 만들었다. 그 결과 힘 좋고 싸움 잘하는 병사가 많이 생겨났다. 전쟁에서 이기는 전략의 일환으로 조선과 명나라 연합군의 반격을 주축으로 하되 후방과 적의 진퇴를 괴롭히는 의병전을 적극 활용한다. 또한 임진왜란에서 화포와 조총의 위력을 실감한 뒤 명나라에서 전쟁 경험이 풍

승勝패敗의 기로에서 선택選擇을 말하다

부한 절강성 병력을 모체로 삼아 훈련도감을 설치한다. 병사를 포수(砲手), 사수(射手), 살수(殺手)의 삼수병(三手兵)으로 분류하여 부대마다 특별한 장점을 갖추도록 했으며 초기의 군대와 달리 급료를 지급하는 직업 군인의 체제를 갖췄다.

이렇게 전쟁에서 승리하기 위해 유성룡이 동분서주할 때 선조는 오히려 그를 견제하는 신호를 보낸다. 전란 중에 특별한 잘못이 없으면 지휘부를 교체하지 않는 것이 당연한 일인데 선조는 유성룡이 마음에 들지 않았던 모양이다. 사실 선조는 전쟁의 양상이 바뀌면서 유성룡이 백성의 신뢰를 받는 반면 자신은 그 반대가 되고 있는 상황에 불안함을 느꼈을 것이다. 불리한 전황을 어느 정도 수습했다고 판단하자 그는 유성룡이 없어도 될 것 같았고 무엇보다도 유성룡을 더 이상 영웅으로 만들어 줄 수 없다고 생각한 것 같다. 선조는 유성룡을 몰아낼 심산으로 여론을 떠보지만 비변사(備邊司, 국정 전반을 총괄한 실질적인 최고의 관청)의 강력한 반대에 막히고 만다.

비변사의 반대에도 선조는 유성룡에 대한 견제를 그만두지 않았다. 이윽고 선조의 속내를 알아차린 간신배들이 유성룡을 몰아낼 준비를 하기 시작했다. 그러던 중에 선조에게 기회가 찾아온다. 전쟁을 치르면서 국가 재정뿐 아니라 백성의 사는 꼴이 말도 아니게 되자 유성룡은 피폐해진 조정의 재정을 살찌우고 국가경쟁력을 강화하는 방편으로 생산량별로 세금을 내도록 선조에게 건의한다.

그동안 가난한 백성보다 세금을 덜 내던 양반과 관료들은 유성룡의 제안에 불만을 표출했다. 간신배들은 선조와 결탁해 그의 실각을 준비한다. 조금씩 유성룡의 목을 조르던 이들은 명나라에 사신으로 들어가야 할 때 들어가기를 꺼렸다는 모함을 시작으로 여기저기에서 탄핵 상소를 올린다. 선조는 이를 기다렸다는 듯이 유성룡의 관직을 박탈했다.

그 후 유성룡의 빈자리를 보고서야 그의 중요성을 깨달은 선조가 몇 번이나 불렀지만 그는 두 번 다시 나타나지 않았다. 병이 들었을 때에도 병문안조차 받지 않았다. 유비는 제갈량을 영입하기 위해 삼고초려를 했건만 선조는 곁에 있는 인재를 질투심에 눈멀어 내쫓는 어리석은 왕이 되고 말았다.

한배를 탄 동료는 경쟁자가 아니다

『제갈량심서』에 국정과 군사를 어지럽히는 행위를 하는 자에 대한 경계를 이야기한 대목이 있다. 첫

째 붕당을 만들어 선량한 사람들을 모함하는 것, 둘째 사치스러운 의복과 괴상한 관대를 착용하는 것, 셋째 요술과 신통력을 과시하여 사람들을 현혹하는 것, 넷째 남의 잘못만을 적발하고 공개해 민심을 동요시키는 것, 다섯째 국정을 정탐하여 적과 내통하는 것이다.

임진왜란 때 조선에는 이러한 간신이 너무 많았다. 선조는 이들을 가려낼 눈이 부족했다. 거기에다 충신을 지켜주고 그들의 의견을 중시하는 것조차 제대로 해내지 못했다. 유성룡의 충성을 선조는 제대로 이해하려 들지 않았고 그의 의견을 잘 활용할 생각은 더구나 없었다.

참모나 장수는 모두 군주의 것이다. 그런데도 참모를 경쟁자로 여긴 못난 리더 선조는 애당초 리더가 될 자질이 부족했다.

부하직원도 내 사람이다. 부하직원이 자신보다 뛰어나다고 해서 질투할 필요가 없다. 질투할 시간에 그를 적절하게 활용할 지혜를 짜내는 것이 우선시되어야 한다.

유비가 관우와 장비를 두고도 제갈량을 찾은 이유는 무엇일까? 자신에게 뛰어난 장수는 많지만 뛰어난 전술을 내놓을 책사가 없음을 인정하고 자신보다 뛰어난 인재를 영입하기 위해 삼고초려를 한 것이다. 그 후 유비의 촉나라가 제갈량의 도움을 받아 삼국

대립의 장을 펼 만큼 성장한 사실은 다 알고 있다. 리더라면, 조직을 잘 운영하기 위해서라면 밑의 사람을 직위로 누르기보다 그가 가진 능력을 100퍼센트 이상 발휘할 수 있도록 믿고 맡기는 것이 중요하다.

예상하지도 못한 전쟁으로 당황한 선조는 부하에 대한 신뢰가 없었으며 수많은 부하 가운데 진정한 부하를 볼 줄 아는 눈도 없었다. 또한 부하직원의 뛰어난 점을 활용하기보다 경쟁자로 여기는 바람에 역사적으로 실패한 군주라는 평가를 받게 된다.

한 조직의 구성원들은 다양한 환경에서 자랐으나 한배를 타고 목표로 삼은 항구로 함께 항해하는 선원과 같은 처지다. 한배에 탄 사람들의 협동 양상에 따라 결과는 엄청나게 달라진다. 험한 풍랑을 함께 견뎌야 할 동료 선원을 질투하여 밀쳐낼 생각만 한다면 한순간에 그 배는 전복될 가능성이 크다.

만일 여러분이 배를 이끄는 선장이라고 해보자. 자신보다 뛰어난 선원이 있다면 그를 (나중에 자신의 자리를 차지할 수 있을) 경쟁자로 여기지 말고 안전하게 운항하기 위해 협심하고 지혜를 공유할 동반자로 생각해야 마땅하지 않을까? 거친 파도를 헤치고 항구에 도착하는 것이 무엇보다 중요한 목표인 만큼 사소한 감정은 접어둬야 한다.

선조에게 있어 당면한 문제는 국난을 극복하는 일이었지만, 그는 자신의 안위를 우선시했다. 간신배들에게 둘러싸여 제대로 판단하시 못한 채 충신들을 멀리했다. 만일 선조가 유성룡을 10년만 더 정치적 동반자로 붙잡고 있었더라면 조선의 경제력과 국방력은 훨씬 강해졌을 것이다.

　　치졸한 질투심 때문에 똑똑한 사람을 배 밖으로 미는 어리석은 행동을 하지 말기 바란다. 더욱 큰 목표를 이루는 데 그들은 없어서는 안 될 동반자라는 사실을 잊어서는 안 된다.

勝敗

選擇